# GESPENSTER IM ALTEN GERA

*»O Kind, wenn die Menschen wüssten, wie niedrig ein Mensch bleibt,
der nichts im Kopf hat als Begreifliches!«*     *[Jeramias Gotthelf]*

ALEXANDER BLÖTHNER

# GESPENSTER

# IM ALTEN GERA

## UNHEIMLICHE BEGEBENHEITEN
## AUS GERA UND UMGEBUNG

NEBST WISSENSCHAFTLICHEN ERKLÄRUNGSANSÄTZEN
UNTER BESONDERER BERÜCKSICHTIGUNG EINER ART
›SOZIOLOGIE DES SPUKS‹

Aus der Reihe: Plothener Hefte zur Thüringer Regionalgeschichte Band 3

**Über den Autor:**

Alexander Blöthner M. A. (phil.), geboren 1974 in Schleiz, hat an der Universität Jena ein ›Studium Generale‹ mit Schwerpunkt auf Geschichte und Soziologie absolviert und verfaßt Bücher über Lebensphilosophie, Sagen- u. Legenden, Orts- und Regionalgeschichte, Landschaftsmythologie, aber auch über Alltags-, Sozial-, Verwaltungs- und Wirtschaftsgeschichte.

Tannhäuser

1. Auflage 2009
5. Auflage 2022

HERSTELLUNG UND VERLAG: B o D – BookS on DemanD Norderstedt
ISBN 978-3-75576-646-9

# INHALTSVERZEICHNIS

# III. Der Spuk – Ein Beweis für die Kontinuität des Lebens?

## Was ist Spuk?

## Gibt es ein Leben nach dem Tod?

## Die Bedeutung des Spuks in den verschiedenen Sinnsystemen

## Soziologische Zugänge zum Spuk

## Schluß

# ZEITZ

DROYSSIG

SCHKAUDITZ

HAINSBURG

GOISRA

RABA   GOLBEN   KUHNDORF   SULXDORF
RIPPICHA   GEUSSNITZ
DROISDORF

WILDENBORN

BREITENBACH
GROISSAGA
SELIGENSTÄDT
BEUCKELWALDE
WERNSDORF PÖLZIG
SÖLLMNITZ BETHENHAUSEN
CULM CAASEN

**EISENBERG**

DICKELSDORF
SILBITZ

**KÖSTRITZ** HEINRICHSHALL

STEINBRÜCKEN
REICHENBACH
RUSITZ

NEGIS

REICHARDTSDORF DÜRREN- STUBLACH **LANGENBERG** HAIN   BORNA ZSCHIPPACH QUAASNITZ
BERG
RÖPSEN

STÜBNITZ GRÜNA HARTMANNS- THIESCHITZ   ROSCHÜTZ
DORF

MÜCKERN GROSSEN-
SCHWAARA STEIN

RÜDERS-   MÜHLSDORF RUBITZ   MILBITZ   TINZ   TREBNITZ   PÖPPELN
DORF PÖRSDORF
KRAFTS-   TÖPPELN
DORF HARPERS- NIEDERN-

CUBA
UNTERMHAUS

BIEBLACH
ZSCHOCHERN

LAASEN

KORBUSSEN

REICHEN- DORF   DORF   OSTERSTEIN   SORGE   LEUMNITZ
BACH   FRANKENTHAL ERNSEE   PÖPPELN

**GERA**

BEERWALDE

ZSCHIPPERN NAULITZ
PFORTEN THRÄNITZ   GROIS-
DORF

KALTENBORN SCHEUBENGROISSDORF
GEBSEN WINDISCHENBERNSDORF

COLLIS   GESSEN **RÖDEBURG** RAITZ-
*SCHMIRCHAU*   HAIN
POSTER-
STEIN

WALTERS- GROISSAARA   DEBSCHWITZ
DORF KLEIN-
SAARA LANGENGROISSDORF

DÜRRENEBERSDORF LUSAN   ZWÖTZEN   KAIMBERG
ZEULSDORF   OBER-   KADERN
SCHAFPRESKELN RÖPPISCH   LIEBSCHWITZ LOITZSCH
OETCHA

SCHÖNA

UNTITZ NIEBRA BILBERSDORF
ZEBLITZ   WOLFSGEFÄHRT MEILITZ PÖSNECK   RUISDORF
STREBIS   KLEINFALKA POHLEN

MÜNCHENBERNS-   CRIMLA   ZOSSEN
DORF BOCKA

KLEINBOCKA

WÜNSCHENDORF   LETZENDORF
VEITSBERG   MOSEN
CRONSCHWITZ ENDSCHÜTZ
GROISSDRAXDORF   ALBERSDORF

GROIS-   BURKERSDORF KÖFELN   MILDENFURT   **WEIDA**   SEELINGSTÄDT
EBERSDORF   KÖCKERITZ   BERGA
NEUNDORF   TEICHWITZ   CLODRA

SCHÖMBERG

# EINLEITUNG

Nur wenige Phänomene haben die Phantasie der Menschen seit jeher so angeregt, wie der Glaube an Gespenster. Berichte von übernatürlichen Erscheinungen gibt es in allen Kulturen. In der Bibel wird von Gespenstern berichtet, ebenso in altchinesischen Schriften. In den Iglus der Eskimos spukt es, aber auch in modernen Hochhäusern. In der Walpurgisszene seines ›Faust‹ lässt Goethe einen empörten Rationalisten über das Geisterunwesen schimpfen: ›Seid ihr immer noch da! Nein, das ist unerhört. Verschwindet doch! Wir haben ja aufgeklärt! Das Teufelspack es fragt nach keiner Regel. Wir sind so klug, und dennoch spukts in Tegel!‹

Der Gespensterglauben ist für den rational aufgeklärten Menschen höchst problematisch. Die moderne Wissenschaft hält alles, was nicht unter kontrollierten klinischen Bedingungen für jeden Beobachter zu jeder Zeit experimentell reproduzierbar ist, für nicht existent. Demgegenüber führen paranormale Phänomene ein Schattenregiment. Das Übernatürliche lässt sich nicht gerne auf die Finger schauen. Es findet immer einen Weg, den Beobachter zu necken und zu foppen und zieht sich sofort zurück, wenn man es fassen will. Die Wissenschaft kann die Existenz von Gespenstern nicht beweisen, aber widerlegen kann sie das Phänomen ebensowenig. Was bleibt ist die Flucht in Wahrscheinlichkeiten. Einfacher ist es das Problem wegzupsychologisieren. Wer Gespenster sieht, muss sich fehlerhafte Wahrnehmung oder Halluzinationen vorwerfen lassen.

Da werden die unmöglichsten rationalen Erklärungsmöglichkeiten vorgeführt, die statistisch gesehen, so unwahrscheinlich sind, dass sie mehr ins Unerklärliche führen, als der Gespensterglauben selbst. Warum wird um die Existenzberechtigung von Geistern so unnachgiebig gerungen? Längst geht es nicht mehr um bloßes Für- und Widerhalten. Ein Glaubenskrieg ist entbrannt. Zwei grundverschiedene Weltanschauungen ringen um ihre Existenzberechtigung. Da ist auf der einen Seite der kritische Rationalismus, dem wir unsere technische Zivilisation verdanken, der die Schöpfung für bloßen Zufall hält und die Aufgabe des Menschen darin sieht, das Beste aus seinem Leben zu machen, notfalls auf Kosten von allen anderen. Dagegen postuliert die magisch-religiöse Weltanschauung die Existenz einer spirituellen Welt, für welche die materielle Erfahrungsebene – jene der kritischen Rationalisten – lediglich die unterste Ebene, einer vielfältigsten interdimensionalen Schöpfung ist, wo die Existenz des Einzellebewesen von der aller anderen Lebensformen abhängt, wo die Seele unsterblich ist und jeder ihrer Handlungen eine Reaktion folgt, im Guten wie im Bösen. Beim Spukphänomen geht es um eine Frage, die sich jeder Mensch irgendwann im Leben einmal stellt: Gibt es ein Leben nach dem Tod? Wenn ja, liefert der Spuk einen Beweis dafür?

# I. Gespenstergeschichten aus dem alten Gera

Bevor wir uns mit den Hintergründen des Gespensterglaubens auseinandersetzen, wollen wir zur Einstimmung für unsere Untersuchung einige Spukgeschichten aus Gera und dem Mittleren Elstergebiet wiedergeben:

Der Geraer Sagenforscher und Prähistoriker Robert Eisel schreibt 1871 in seinem Katalog zu den Sagen des Voigtlandes, daß es in Gera Häuser – besonders ältere – gebe, die von einem Hausgeist bewohnt würden. Meist bleibe dieser unsichtbar. Manchmal laufe er Trepp auf Trepp ab umher, betrachte missfällig etwaige bauliche Veränderungen und manchem Hausbesitzer sei sein Schlurfen wohlbekannt. Ein solcher spiritus familiaris habe auch im Gymnasialgebäude gehaust neben dem Badertor. Ein bekannter Geisterseher aber beruhigte die Bewohner, sie hätten nichts zu fürchten, denn solange er selbst lebe, habe er den Geist in seiner Gewalt.

Ebenso spukte es im Lutherhaus, im Haus des Bäckers Pohle sowie in bestimmten Räumen von Dickes Gut in Bieblach. Hier hat es niemanden in den Betten geduldet und besonders Fremde wurden nachts von ihrer Ruhstatt geworfen.

Im Keller eines Hauses auf dem Steinweg ging der Geist eines Menschen um, der im Leben ein Atheist gewesen und nie zur Kirche gegangen ist. Manchmal hörte man ihn dort unten singen, aber auch den bierholenden Schankmädchen habe er zuweilen aufgehuckt und blaue Fingerspuren an deren Achseln hinterlassen.[1]

In dem Eckhaus, wo die Johannesstraße, auf die Kirchstraße trifft, spukte ein schwarzer Hund, ebenso bei der Salvatorkirche. Zu Zeiten trabte und rollte von dort ein schemenhaftes schwarzes Wesen den Leuten vor dem Weg herum, bis es endlich in den Stadtgraben kollerte und verschwand.[2]

Beim alten Rabenstein, einer der ehemaligen Richtstätten, etwa am Beginn der heutigen Bielitzstraße gelegen, trieben sich bis weit ins 19. Jahrhundert hinein die Geister verschiedener Übeltäter sowie ein gespenstischer Graf ohne Kopf herum.

Ein unheimlicher Ort im alten Gera war auch der Saugraben, ein Bachlauf, der die heutige Berggasse hinunterführte und in den Mühlgraben mündete. Dort bei Zimmermanns Grundstück [später Zetsche] habe ein unförmiges schwarzes Tier mit feurigen Augen gehaust, dass sich den Leuten über den Weg legte und sie auch sonstwie ängstigte. Doch schon Eisel konnte über diesen Spuk nichts näheres mehr in Erfahrung bringen.[3]

Ferner seien auf den ehemaligen Ratsteich und die Ratsbrüche verwiesen, wo es die Passanten gefoppt oder nach ihnen geworfen hat. Besonders der Ratsteich, dessen Wasser zu Zeiten brausend und schäumend aufrauschte, ohne das je eine Ursache dafür entdeckt worden wäre und wo ein gespenstischer Hund sein Unwesen trieb, galt 1870 schon Georg Brückner,

dem Verfasser der reußischen Landeskunde als altheidnische Kultstätte.[4]
Auch der Osterstein, jenes im Jahre 1945 durch Bomben zerstörte Residenzschloss der reußischen Fürsten, hatte seine Gespenster. Zu ihnen zählte ein Ziegenbock mit tellergroßen Augen, den man früher einstweilen aus einem der oberen Dachfenster herausschauen sah, ferner eine merkwürdige dreibeinige Katze, die insbesondere in den Jahren 1806 bis 1815, als die dritte Etage des Nordflügels als Lazarett diente, von sich Reden machte und schließlich ein gespenstischer Schimmelreiter ohne Kopf, der alljene zu vertreiben suchte, die sich an einen bestimmten Baum, der beim Graben an der Wolfsbrücke stand und worunter ein Schatz vergraben ist, zu schaffen machten.[5]

## DER ALTE DREISSIGSTE HERR VON GERA

Der Landesherr der aus einer Stadt, einem Marktflecken und 86 Dörfern bestehenden reußischen Herrschaft Gera, Heinrich XXX., wurde 1727 geboren. Er galt als absolutistischer Selbstherrscher. Auf der einen Seite als ›unduldsam, streng und rücksichtslos‹ geschildert, war er andererseits sehr energisch, auf seine Weise durchaus gerecht und auf das Wohl seiner Untertanen bedacht. Dass er zum Ausbau seines Residenzschlosses Osterstein die Geraer Bürger, von denen viele inzwischen zu Vermögen gekommen waren, zur Baufron forderte oder längst abgeschaffte mittelalterliche Strafen wie Korbsprung und Pranger wieder einführte, werden ihm manche übel genommen haben. Seine öffentlichen Audienzen, die er alltäglich zwischen 9 und 10:30 Uhr gab und bei denen jedermann zugelassen war, sein unermüdlicher Einsatz nach dem großen Brand von Gera [1780], als faktisch die gesamte Stadt in Schutt und Asche lag, vorallem aber seine überaus lange Regierungszeit von 54 Jahren haben ihn abgesehen von seinem Vorfahren dem berühmten Heinrich Posthumus [1572-1635], zum bedeutendsten Reußen der Geraer Linie gemacht. Kein Wunder also, dass nach seinem Tod im Jahre 1802 und dem damit verbundenen Erlöschen des Geraer Hauses nach 238 Jahren für Gera ein Zeitalter zu Ende ging und der Graf selbst zum Mythos und zur Sagengestalt wurde, auf die man dann manche im Kern höchstwahrscheinlich ältere Ortssage bezogen haben wird. So sah man den Geist des Erlauchten noch lange Zeit nach seinem Tod auf schnaubendem Rosse und ohne Kopf vom Ende der Küchengartenallee in Richtung Gera jagen. Dabei sprengte er dem Gebind und schließlich dem alten Rabenstein zu, wo er am Ende verschwand.
Mit glänzendem Geschirr und vier Rappen soll der alte Dreißigste auch auf dem Kuhtanz nahe des Eselberges im Stadtwald an Beerensuchern vorbeigekommen sein, ebenso war seine Kalesche zu Zeiten auf der Küchengartenallee nahe der ehemaligen Hausmühle zu sehen.[6]

# Von der Ahnfrau der Reußen

Immer wenn der Tod eines Mitgliedes der ehemals weitverzweigten reußischen Fürstenfamilie bevorstand, erschien eine hohe weiße Frauengestalt und schritt durch die Galerien des alten Fürstenpalais [1688-1891] an der Nordseite des Johannesplatzes. Die Diener der Witwe des vorgenannten Heinrich XXX. von Gera, Gräfin Luise [1748-1829], wollen die Ahnfrau oft gesehen, ja sogar das Rauschen ihres Kleides deutlich gehört haben. Nachdem sie den Vorfall ihrer Herrin gemeldet hatten, entgegnete diese, sie wisse es längst, doch brauche sich niemand darüber zu ängstigen. Einmal tauchte die weiße Frauengestalt inmitten einer Abendgesellschaft vor der alten Fürstin auf und verschwand hernach in einem Zimmer, das keinen Ausgang hatte. Desweiteren kannte man auch den Geist eines Ritters in voller Rüstung, der immer dann, wenn wichtige die fürstliche Familie berührende Ereignisse bevorstanden, im Palais seinen Umgang zu halten pflegte. Vermutlich hat der Spuk etwas mit der Lokalität des Palais zu tun. Auf dem Johannesplatz stand bis 1780 die Johanneskirche. Sie war die Begräbnisstätte vieler Ahnen des reußischen Hauses gewesen.[7]

# Der Geister-Jäger

Im Jahre 1815 wurde der Geraer Landesschullehrer, Hofkantor und Ordinarius der Sexta, Professor Christian Tobias Jäger [1740-1825], aus dem Dienst entlassen, weil er bei verschiedenen Geisterbeschwörungen in Gera und Ronneburg eine tragende Rolle gespielt hatte. Hauptschauplatz der Handlung war die am Mühlgraben in der Vorstadt am Badertor gelegene, im Jahre 1889 schließlich abgebrannte Klotzmühle. Dort hatten in den Wohnräumen der Familie Häußler über Jahre immer wieder spiritistische Sitzungen stattgefunden, bei denen eine Maurersgattin das Medium stellte. Eine erhalten gebliebene Amtsakte trägt den Titel: ›Anbey remittiren wir Euch die mittelst. euren Berichts vom 2ten Juli, d. J. anhero eingesandten, die wider Marien Rosinen, verehelichte Funkin, geb. Schmidt, allhier und Consorten wegen Geisterseherey, Geisterbeschwörungen, Schatzgräberey und Missbrauchs religiöser Handlungen zu unerlaubten Zwecken von euch anhängige Untersuchung betreffende Acten samt Beilage‹. Darin lesen wir: »Ungefähr seit dem Jahre 1809 hatte sich in Gera eine Gesellschaft von mehreren Personen damit beschäftigt, Geistererscheinungen, welche die Ehefrau des Maurergesellen Herinrich Christoph Funke, Maria Euphrosine, geb. Schmidt zu haben behauptet, beiwohnen und durch gemeinschaftliches Singen und Beten theils eine vermeindliche Erlösung verstorbener Personen zu bewirken, theils verborgene Schätze von der Gewalt böser Geister frey zu machen, theils auch blos des Umgangs höherer Wesen ihrer

Einbildung nach, durch die erwähnte Funkin teilhaftig zu werden.« Endlich wurden die Zusammenkünfte bei der Obrigkeit angezeigt, die Teilnehmer vor das Stadt- und Landgericht gebracht. Bereits im Jahre 1809 wollte die Funkin, als sie noch im Hause des Bäckers Pohle zur Miete wohnte, Geistererscheinungen gehabt haben, wobei sich eine vor mehreren hundert Jahren von Soldaten ermordete Person zu erkennen gab und gebeten habe ihre Seele, notfalls gegen Geld, aus der Gewalt eines bösen Erdgeists zu retten. Die Frau befragte ihre Freundinnen, man bat Spezialisten, wie den mit Viehkuren beschäftigten Herrn Jacob aus Schleiz um Rat. Der empfahl, zur Befreiung dieser Seele Gruppengebete abzuhalten. So hielt man mitsamt dem Lehrer Jäger mehrmalige Betstunden ab und sang dabei geistliche Lieder etc.»In diesen Versammlungen verfiel die Funkin sehr häufig in einen wenigstens scheinbar bewusstlosen Zustand, in welchen sie die Anwesenheit von Geistern, nicht nur jenes unglücklichen Geists, sondern auch des bösen Erdgeists und später vieler anderer gespürt haben wollte. Man habe den Erdgeist dabei besiegt und die arme Seele befreit. Anstatt die entschlafene Frau nur mit ihrem vormaligen Ehemann noch einmal erschienen wäre, um sich zu bedanken, erschienen stattdessen Engel, welche auch an den irdischen Angelegenheiten der Gesellschaft mannigfaltigen Anteil nahmen. In vermeindlicher Gegenwart dieser Engel wurden die Beschwörungen fortgeführt, wobei einzig die Funkin und der Tagelöhner Höfer die Wesen sehen konnten. Nach der Erlösung des ersten Geists galt es unter dem Haus des Bäckers Pohle nach einem vergrabenen Schatz zu suchen, dessen Erlangung der erlöste Geist wohl in Aussicht gestellt hatte. Die Funkin insbesondere scheint sich aber mehr den vorgegebenen religiösen und auf Befreiung der Seele gerichteten Zwecke sehr viel mit dem Gedanken eines zuhebenden Schatzes beschäftigt zu haben. Von dem Plan im Keller des Hauses zu graben, kam man indes ab, als die Funkin bei einer Spazierfahrt nach Wacholderbaum einen gewissen Punkt in der Gegend durch ein Licht bemerkt haben wollte, welches nach damaligem Glauben auf einen verborgenen Schatz schließen ließ. Darauf träumte ihr, ein Löwe und ein Bär hätten an dieser Stelle gekämpft, wobei ihr bedeutet wurde, dort sei Unschuldsgeld [Geld zur Sühne einer bösen Tat] vergraben, worauf sich die Gesellschaft zur Hebung des Schatzes aufmachte. Zur Bestreitung der Kosten wurde eine gemeinsame Kasse eingerichtet, in die jeder Teilnehmer zu bestimmten Zeiten Geld einzahlen sollte. ... Später erhielt die Funkin daraus ein neues Kleid, der Lehrer Jäger aber zu Weihnachten einen neuen Mantel verehrt.« Unter Jäger war bereits 1805 auf dem Heidengottesacker bei Pforten [bekannte prähistorische Fundstätte der Bronzezeit] und 1815 auf seinen Rat hin auf dem Langenberger Hausberg erfolglos nach Schätzen gegraben worden.

Man fand dabei nur Scherben [zerstörte wohl alte Grabanlagen].

Auf eine anonyme Anzeige hin erfolgte von Amtswegen die Aufhebung des spiritistischen Kreises verbunden mit der strafrechtlichen Verfolgung der Hauptbeteiligten. Man warf ihnen vor, bei religiösen Hausandachten im engsten Kreis wiederholt Geister zu bannen und zu zitieren versucht zu haben. Ein Prozess in Ronneburg, wo ein in der Schmirchauer Kirche entwendetes und für Geistererlösungen verwendetes Kruzifix eine Rolle spielte, ging noch glimpflich für den Geisterjäger aus. In einer zweiten Untersuchung wegen Geisterbeschwörung und Schatzgräberei wurde Jäger des Missbrauchs religiöser Handlungen [u.a. Gebete] zu unerlaubten Zwecken beschuldigt und seines Amtes enthoben. Alle Versuche, den alten Mann als ›unzurechnungsfähig‹ zu erklären, scheiterten kläglich. Ganz im Gegenteil, seine bissige Art und seine scharfe Zunge waren gefürchtet, seine dialektisch scharf und gewandt vorgetragenen Widerspruchsschriften und Verteidigungsreden beweisen nicht nur, auf welcher geistigen Höhe sich der alte Herr noch befand, sondern lassen beim Lesen die Lachmuskeln in beständiger Aktivität bleiben. Jäger hatte – und das verübelte ihm die hohe Geistlichkeit natürlich sehr – ein Kruzifix zum Bannen der anwesenden bösen Geister benutzt. In seinen Eingaben war er auf jeden Fall klüger und scharfsinniger als die Mitglieder des geistlichen Konsistoriums, der obersten Landesbehörde für kirchenrechtliche Fragen. Er fragte sogar u.a. beim Konsistorium an, warum man bei der bei ihm durchgeführten Hausdurchsuchung, bei der zahlreiche Bücher und Schriften eindeutig spiritistischen Inhalts beschlagnahmt wurden, nicht auch seine Bibel ›als den rechten Höllenzwang‹ mitgenommen habe. Gegen die Wegnahme seiner Sachen protestierte er mit den Worten: ›Sie gehören in den Himmel, nicht in die Hände der Baalspfaffen und der Himmelskutscher!‹. In dem nachfolgenden Gerichtsprozess wurde die Funkin, die ja die Hauptnutznießerin der ganzen Sache gewesen war, wegen Betrugs und Missbrauchs religiöser Übungen zu drei Monaten Zuchthaus verurteilt. Ein weiterer Teilnehmer, Johann Christoph Höfer, kam wegen Teilnahme 3 Wochen in Haft, während die anderen wegen Leichtgläubigkeit gerichtliche Verwarnungen erhielten.
Ferner mussten alle für ihren Teil die Untersuchungskosten tragen. Jäger berief sich jedoch auf Verfahrensfehler, wonach es kein Verbrechen gewesen sei, innere Überzeugugen und Ansichten zu haben. Er fragt, wie denn persönliche Ansichten, Gedanken, Meinungen und Glaubensvorstellungen, so auch Geistererscheinungen, die ja nur auf das Innere des Menschen wirkten, Gegenstand des Strafrechts und der staatlichen Fürsorgepflicht sein könnten. Dem wurde lapidar begegnet, die Urteile seien keine Strafe, sondern ein Verweis wegen Leichtgläubigkeit. Am Ende beließ man es im Fall Jäger bei der Amtsenthebung wegen Alters, gewährte aber ihm weiterhin einen Teil seines Gehalts und war froh, dass der Geisterjäger nach einer Flut von Eingaben 1825 endlich das Zeitliche segnete.[8]

# DER GEHEIMNISVOLLE KUHTANZ

Der Kuhtanz, ein Waldareal im südlichen Stadtwald, etwa zwischen dem Spörl-Stein und dem Schönen Forst, galt früher als wohl unheimlichster Ort in Geras Umgebung. Dort stand inmitten eines großen umzäumten Weideplatzes bis zum Jahr 1806 eine uralte, riesige Hälterfichte, aus der manchmal zauberische Töne erklangen und wo zu bestimmten Zeiten [mittags, abends 7 Uhr und mitternachts] die verschiedensten Geister erschienen.

In der Schuhgasse zu Gera lebte einmal – es muss noch vor dem großen Stadtbrand gewesen sein – ein Stadtschreiber namens Günzel. Der kaltherzige und unnachgiebige Bürokrat führte einen lasterhaften Lebenswandel und hatte dabei etliche Mündel um ihr Erbe gebracht. So wundert es am Ende auch nicht, dass der Verruchte nach seinem Tod umherging und sein ehemaliges Haus heimsuchte. Die Leute dort wurden aus den Betten geworfen und mussten auch sonst plötzlichen Übergriffen und bösen Streichen allgegenwärtig sein. Dem Spuk machte der Scharfrichtersknecht Bernhardt aus Weida vorerst ein Ende, indem er den Geist auf den Kuhtanz in eine Fichte verbannte. An dieser Stelle kam einmal der Bauer Gerhardt aus Hundhaupten vorbei. Er war gerade auf dem Heimweg und hatte ein paar ›Geraer‹ über den Durst getrunken. Er wollte nur kurz rasten und schlief darüber ein. Erst der Glockenschlag um Mitternacht weckte ihn. Verwundert sah er sich um. Vor ihm stand plötzlich ein Tisch mit einer Kerze darauf, hinter dem ein hagerer Mann saß und schrieb. Der Bauer, noch im Biertaumel, schrie: ›Bier her!‹ und schlug auf den Tisch, dass Licht und Schreibzeug in die Höhe sprangen. ›Bier her!‹ und beim dritten mal fluchte er greulich: ›Bier her, zum Donnerwetter nochmal!‹. Da war alles verschwunden gewesen und Gerhardt erkannte endlich, dass er nicht im Wirtshaus, sondern im Wald war.

Ganz in der Nähe, bei der sogenannten ›Teufelskiefer‹, muss auch der Geist des bösen Landrichters Stergenbeck verharren. Zuvor hatte er immer mit fletschenden Zähnen durch das Friedhofsgatter gegrinst, bis man ihn hierher verbannte. Daraufhin haben ein paar alte Holzleserinnen das Gespenst auf einem Baum sitzen sehen, von traurig pfeifenden Vögeln umgeben. Er trug einen gräulichen Mantel. Sein Gesicht war löchrig, vom Krebs zerfressen. An seinem Schwert klebte noch Blut. Schockiert rannten die Frauen von dannen und ihre Männer haben sie erst spätabends im Türkengraben sitzend wiedergefunden.

Zu Zeiten sah man auf dem Kuhtanz drei altmodisch gekleidete Herren an einem Tisch sitzen und Karten spielen, wer aber genauer hinsah erkannte, dass ihre Karten aus Eisen waren.

Unweit davon erschien zwei Debschwitzer Frauen ein alter, ganz altmodisch gekleideten Jäger, der unter einem Baum lag. Wie sie noch hinschauten stand er auf, schaute sich um und verschwand in einer schwarzen Dunstwolke. Nach anderen aber ist ein weißer Jäger dorthin gebannt. Auch hat man am Kuhtanz, zwischen den Bäumen wandelnd, den alten Förster Cronspitz gar oftmals angetroffen. Er hatte seine Büchse über der Schulter, war aber ohne Kopf. Kleine Kinder sehen auf dem Kuhtanz manchmal weiße Frauengestalten, die ihren Eltern nicht sichtbar sind. Einmal wurde eine Stillende auf solch eine Erscheinung aufmerksam gemacht und erkrankte nachher schwer.

Besonders gefürchtet war ein kleines graues Weiblein mit einem Korb auf dem Rücken. Ihr zu begegnen bedeutete Tod oder Krankheit.

Harmlos hingegen verhielt sich der Geist einer feinen Dame. Diese erschien einmal einer Holzleserin und fragte sie, welche Zeit es sei? Vor Schreck konnte die arme Frau ihr nicht antworten, der Geist aber tänzelte, immer ihr nur das Gesicht zukehrend, sich dabei langsam rückwärts entfernend, und die erschrockene Frau herum und verschwand endlich zwischen den Bäumen. Eine andere Frau, die auf dem Kuhtanz Holz las, sah einmal einen Melcher bei ihrem Korb stehen und hineinsehen. Wie sie ihn aber fragte, was er an ihrem Korb wolle, verschwand er. Auch hockt sich dort ein zentnerschwerer Geist auf die Tragkörbe der Leute, so dass sie diese kaum fortbringen konnten.

Nur wenige Glückliche haben den Hirsch mit dem goldenen Geweih gesehen. Häufiger dagegen sah man imaginäre Leichenzüge oder Geisterkutschen mit schwarzen Rössern, weiße Hasen und Irrlichter. Auch pflegten lose Buben dort Pferdeköpfe aufzuhängen, um die Leute zu erschrecken. Noch früher aber sah man dergleichen überhaupt gar nicht selten an den umstehenden Bäumen dort aufgehangen und wenn sie auch bald wieder verschwanden, sind die Vorrüberkommenden doch immer bei diesem Anblick heftig erschrocken gewesen.[9]

## Der Zaufensgraben

Der Zaufensgraben, ein südlich von Leumnitz verlaufendes wildromantisches Kerbtal war in alten Tagen überaus verrufen. Nicht nur, dass man den Geldstein, eine bis 1889 dort gelegene kolossale Zechsteinplatte mit Näpfchen und Rinnen, unter dem man durchkriechen konnte, als einen alten Opferstein betrachtete, auf dem die zu Zeiten die Weiße Frau oder ein gespenstischer Hase erschienen; auch auf den Wegen, welche den Grund berührten oder hindurchführten, ging es mitunter um. Ein Jäger traf, so oft er hinkam, auf dem Geldstein sitzend einen Hasen an, nach dem er auch dreimal geschossen hat. »Wie er aber auch das dritte Mal deutlich gesehen hatte, dass der Hase wohl umfiel, trotzdem aber nicht dortlag, wenn er hinkam, wusste er was es geschlagen hatte und hat den Hasen, der immer wieder dort saß, Hase sein lassen.«[10] Ein andermal legte sich einem Leumnitzer, der von Collis her heimkehren wollte, ein umförmiges schwarzes Tier über den Weg, dass er nicht wusste, wie er weiterkommen sollte. Passiert ist ihm aber glücklicherweise nichts.[11]

Mitunter kommt es vor, dass Menschen, denen kurz oder lang der Tod bevorsteht, übersinnliche Phänomen wahrnehmen. So ging einmal ein Geraer Bürger in der Dunkelheit mit mehreren anderen von Collis her nach Hause. Im Zaufensgraben sagte er zu seinen Begleitern: ›Seht, dort bringen sie von Zschippern her eine Leiche!‹. Jene sahen nichts, während er fortfuhr, die einzelnen Leute und die Laternen dabei zu schildern. Noch ist er gesund nach Hause gekommen, dann kränkelte er und kurze Zeit darauf ist er gestorben.[12]

## Zwötzen

Vor etwa 250 Jahren ist in Zwötzen ein Mann gestorben, bei dessen Beerdigung es nicht geheuer zuging. Eine schwarze Katze folgte dem Sarg und war nicht wegzubringen. Sie hat sich auch hinterher immer wieder auf dem Feld des Verstorbenen sehen lassen, über 100 Jahre lang. Manche sagen bis heute. Von dort begleitet sie den Passanten ein Stück, dann bleibt sie am Feldrain zurück. Dieses Feld am Zwötzener Anger ist heute nicht mehr genau lokalisierbar. Man weiß auch von einem unterirdischen Gang zu berichten, der von hier ins ehemalige Herrenhaus geführt haben soll. Auch sah man auf dem Anger oftmals einen Hasen sitzen, so oft aber die Jäger danach schossen und der Hase auch fiel, so oft haben sie ihn hernach nie finden können.[13]

# Mitternacht am Leichenweg

Der Leichenweg, der alte Filialweg der Grobsdorfer Einwohner nach der Thränitzer Kirche, ist besonders dort, wo der Naulitzer Grund ins Lammbachtal mündet und da wiederum am Leichensteig der Brücke über den Bach unterhalb der Naulitzer Schanzen arg verrufen. Dort wirft und foppt es.[14] Besonders gefürchtet war ein unförmiges schwarzes Tier. Robert Eisel schreibt darüber: »Wollte mal einer nachts gegen 12 Uhr den Leichensteig von Grobsdorf nach Thränitz gehen, aber eine schwarze Masse – einem Hund ähnlich – purzelte und kollerte da unaufhörlich um ihn herum bis es 12 Uhr schlug. Da erst verschwand der Spuk.«[15] Einen anderen geschah dort ähnliches: »Wie er ausweichen will, sieht er nichts um sich als hohe Mauern und breite Wasser, obschon er wusste, dass keines von beiden dort vorhanden ist. Nicht wenigen auch hat es gar aufgehuckt, besonders denen, die furchtsam umkehrten.«[16] Auch geschah es dort zuweilen, dass Reiter ohne Kopf dicht an einem vorübersprangen und das Klirren ihrer Eisen deutlich zu hören war. Auch konnte man dort in sturmumbrausten Nächten dem Wilden Jäger begegnen, wie er auf dem Leichenweg zum Roten Berg ritt.[17] »Auf einen Mann ohne Kopf, der am Leichenstege bei Grobsdorf zuweilen umgeht, hat einmal einer, der auf dem Anstande war, das Gewehr angelegt. Da erlahmte ihm der Arm, dass er ihn ganze 9 Wochen lang nicht hat gebrauchen können.«[18] Selbst der Teufel in Person war auf dem Leichenweg zu Zeiten anzutreffen. So ging einmal einer von der Gessenmühle her nach Grobsdorf hinauf heim nach Naulitz zu: »Da trifft er einen Reiter und fragt ihn ›Wohin?‹; und da beide einen Weg haben, geht er neben jenem her. Der Reiter fragt auch seinerseits noch mancherlei, da sieht der Fußgänger von ungefähr im Mondschein, dass jener – Pferdefüße hat! Es war aber kein Abkommen und mochten ihm auch die Haare zu Berge stehen und ihm den Hut in die Höhe treiben, wohl oder übel ging es weiter. Da kommen sie herab in den Grund und wie sie auf dem Leichenweg stehen – ein Windstoß und alles ist weg gewesen. Der Betroffen hat eine Zeit lang krank gelegen.«[19]

»Einstmals kehrten zwei Ronneburger von Naulitz heim. Es war Heiligabend und der helle Mond warf lange Schatten. Kaum hatten sie den Dorfbach überquert, spürten sie ein laues Lüftchen. Da ritt plötzlich Einer mit einem Napoleonhut auf einem ungeheuer großen Pferd vorüber. Hinter ihm fuhr ein Sturmwind her und zog einem der beiden den Rücken so zusammen, als ob es ihm ›aufhucken‹ würde. Kurz darauf starb der Mann.«[20]

# RONNEBURG

Der Ronneburger Scharfrichter Oettel hatte eine schwere Augenkrankheit und konnte nie ohne Schirm aus dem Haus gehen. Damit hat es folgende Bewandtnis: Nachdem er die alte Mittenentzwei hingerichtet hatte, kam diese ihm acht Tage später entgegen, als er auf dem Heimweg war. Die Uhr hatte gerade elf geschlagen. Er erkannte sie sogleich an ihrem altmodischen Kommunionskleid, das sie zur Hinrichtung getragen hatte. Der Geist kam auf ihn zu und blies ihm ins Gesicht. Davon bekam er später die bösen Augen, die keiner zu heilen vermochte.[21]

Im Johannestal südlich von Ronneburg, wo später die Radonquellen entdeckt wurden, ist eine Stelle, wo die Leute früher gar nicht gern hingegangen sind. Dabei war diese Stelle nur dadurch merkwürdig, dass ein paar mächtige Eichen dort stehen, die sogenannten ›Schlachteichen‹, von denen es heißt, die heidnischen Völkerschaften hätten da ihr Vieh geschlachtet.

Es war an einem Pfingstmorgen in der Frühe, als ein Ronneburger mit seinem Sohn und dessen Hund ins Johannestal zum Maiblumensuchen ging. Als sie an die Schlachteichen kamen, saß mitten auf dem Weg ein Hase. Freudig sprang ihr Hündchen auf ihn zu. Auf einmal aber kehrte es heulend um, zog den Schwanz ein und verkroch sich zwischen den Füßen seines Herrchens. Mit Püffen versuchte der Mann nun seinen Hund wieder hervorzubringen, da ging der Hase auf die beiden Menschen los. Wie sie nun erkannten, dass der Hase nur drei Beine hatte, was als böses Omen galt, nahmen sie reißaus. Glücklich gelangten sie nach Hause. Der Hund aber bekam hinterher Triefaugen und siechte in wenigen Tagen dahin.[22]

## SCHLOß POSTERSTEIN

Tief, zahlreich und geradezu schauerlich sind die Keller unter dem Schloss Posterstein. Verschiedene Dienstleute des Schlossherrn, spätere Museumsangestellte und Besucher haben zu Zeiten absonderliches dort erlebt. Bis hin zum Mönchssteig und bis zur Roten Mühle soll der Untergrund weithin unterminiert sein und niemand habe je ein Ende je erreichen können. »Ein früherer Schlossverwalter führte zuweilen Gäste hinab und besonders die Frauen waren dabei ganz neugierig. Sie kamen dann mit ihrer Laterne durch nicht enden wollende Reihen schön tapezierter Zimmer, in denen runde Tische standen. Alle waren herrlich eingerichtet; jedes aber befand sich ein paar Stufen tiefer als das Vorhergehende. Um zehn Uhr dann hat der Verwalter die Gesellschaft jedesmal wieder heraufgeführt; denn er sagte, dass hernach das Treiben der unterirdischen Bewohner beginne und bei längerem Verweilen Gefahr sei.«[23] Einer der Räume unter dem Posterstein wird ›die Schmiede‹ genannt. Nachts hat man daselbst oft schmieden hören, niemand ist aber jemals dort erblickt worden.[24] Ein anderer Raum – jener unter der ehemaligen Brennerei – galt als nicht ›geheuer‹, weil es die Schlossleute des nachts wider Willen manchmal dort hinein geführt hat.[25] Im Gegenzug hat es in der Malzdürre, wohin sich manche Gesindeleute nachts gern zum Schlafen legten, niemanden geduldet und die Schläfer wurden jedesmal hinausgeworfen. Auch das Brauhaus des Schlosses war überaus verrufen.[26]

## DER GEHEIMNISVOLLE KANKERMANN

»Zwischen Wüstenfalka, Otticha, Loitzsch an der Wipse und Niebra ist ein sumpfiges Terrain, auf dem oft Irrlichter gesehen wurden, zuweilen aber erscheint daselbst auch ein feuriger Mann, die sogenannte ›Spinne‹ oder der ›Kankermann‹. Als im Jahre 1828 der Windmüller Bergner aus seiner Mühle trat, die zwischen Wüstenfalka und Loitzsch gelegen ist, um die wenigen Schritte hinüberzugehen nach seiner Wohnung, tauchte plötzlich eine Lichterscheinung vor ihm auf, die sich mehr und mehr ausdehnte und aus der ihm schließlich die riesige Gestalt eines feurigen Mannes entgegen-trat mit langen dürren Beinen und gen Himmel gereckten Armen. Noch ehe er die Gestalt recht gesehen, verschwand sie schon wieder und alles war so dunkel als zuvor. Mehr Not mit diesem Gespenst hatte ein Ottichaer.

Dieser, der gerade in Geldnot war, bemerkte in finsterer Nacht auf einer Wiese eine lichte Stelle und glaubte, es könne dies wohl einen Schatz anzeigen, weshalb er sich ein Herz fasste und hinzuging. Er fand da einen Haufen glühender Kohlen, in die er hineinstörte. Da nöbert es eine große Menge Funken in die Höhe, die sich höher und höher aufbäumten und zuletzt als eine übermenschlich große Gestalt vor ihm zu stehen kam. Statt des Kopfes trug die Gestalt eine schwarze Mütze auf dem Halse und ein Flämmchen, das aus seiner Hand hervorkam, verbreitete so helles Licht, dass die ganze Gegend weithin erleuchtet und der Pfennig am Boden zu erkennen war. Da suchte nun unser Bauer freilich das Weite, aber auch der Kankermann schritt fürbass und kam ihm nicht von der Seite. Jetzt er-reichte der Flüchtige ein Feld das ihm eigentümlich war und so lange dies Feld reichte, musste das Gespenst drüben auf dem Wege bleiben, bald aber war das Feld zu Ende und jenes war wieder dicht bei ihm. Ein Stück vom Dorfe wich es nochmals, und der schwer Aufatmende sah den Feuer-schein in weiter Ferner von sich, etwa wie auf dem Culmberge bei Loitzsch; dicht bei seinem Hause aber war die Gestalt schon wieder bei ihm.

Vierzehn Tage hat der Mann hierauf schwer krank gelegen und ganz hat er den Schrecken nie wieder verwinden können. Noch viele andere haben den Kankermann gesehen und kennen ihn wohl. Einer beschreibt die Figur als völlig grau von Farbe, übermenschlich lang und unmäßig große Schritte machend. Andere lassen ihn einen breiten Hut mit einen Schleier darüber tragen und wissen auch, dass er für gewöhnlich bis ins Bastholz bei Pohlen wanderte.«[27]

## DER GEFUNDENE RUCKSACK

Der Liebschwitzer Zoitsmüller fand einmal einen Büchsenranzen am Wegesrand, der sehr schwer war. Je schwerer, desto besser dachte er und nahm den Rucksack mit nach Hause. Dort angekommen, schickte er zu allererst das Gesinde außer Haus, damit niemand den zu unrecht erworbenen Rucksack sähe. Doch wie er ihn öffnete, fand er kein Geld darin, sondern ein garstiges graues Männchen sprang heraus, schlug eine hämische Lache an und begann darauf wild in der Stube umherzuspringen. Dabei gingen Geschirr und Möbiliar zu Bruch und das Wesen war nicht mehr aus dem Haus zu bringen. Da musste der Crimmitschauer Scharfrichtersknecht geholt werden, der sich im Bannen von Geistern gut verstand. Wie dieser nun das Männlein sah, ließ er den Kopf hängen und sagte: ›Du schon wieder!‹. Dann begann er mit dem Bannen und ließ seine Birkengerte so oft auf das Männchen niederfahren, bis es in seiner Not wieder in den Ranzen hineinkroch. Nun konnte es bequem aus dem Haus geschafft werden. Statt des erwarteten Gewinns hatte der Müller nun ein erhebliches Honorar an den Geisterbanner zu entrichten.[28]

## UNTERIRDISCHE GÄNGE

»In den Gang zwischen dem ehemaligen Mildenfurter und dem Cronschwitzer Kloster führte eine goldene Treppe hinab; unten aber, ungefähr in der Mitte der Entfernung zwischen beiden Orten, steht in einem erweiterten Raume ein goldener Tisch und zwei goldene Stühle. Man versuchte auch, einzudringen, aber die üble Luft verlöschte die Lichter. Eine zweite Erzählung lässt den Eindringlingen so entsetzliches zustoßen, dass der Schreck hernach einen von ihnen den Tod brachte. Der Gang soll unter dem Haine und der Weida hinwegführen und überhaupt als ehemaliger Versammlungsort der Mildenfurther Mönche und Cronschwitzer Nonnen mit Tischen und Sitzen versehen, im Übrigen aber mit Ziegeln ausgemauert sein.«[29]

# WEIDA

Von der alten und ehrwürdigen Stadt Weida gibt es viele Überlieferungen: Um das Jahr 1865 ging ein Weidaer Leineweber den Felsweg empor nach Gräfenbrück: »Es war erst gegen 6 Uhr morgens, sehr kalt und noch ganz dunkel. Siehe da kommt ein kleines Kind auf ihn zu. Er denkt: ›Ach, Du armer Wurm, wo kommst denn Du her?‹. Ehe er aber noch fragen kann, schlägts eine Lache auf und verschwindet im Gebüsch. Die Stelle dort ist verrufen und der Mann alterirte sich so darüber, dass er bald darauf starb. ...

Kommt man nachts vom Weidaischen Schlossberge herab nach der Brücke zu, da steht öfters ein baumlanger Kerl, angetan mit grauem Kittel, einem dreieckigen Hut auf dem Kopfe und in der Hand einen langen Stab, wie ein Schäfer. Im Näherkommen ist er stets verschwunden.«[30] Spukorte über die nichts näheres mehr in Erfahrung gebracht werden konnte, waren ferner das Weidaer Spritzenhaus, der Nonnenhof und das Silberloch auf dem Hermsenberge.[31]

»Auf der Schlachtwiese bei Weida warteten einst im Mondschein Diebe auf die Gelegenheit ihr Handwerk zu üben. Da sehen sie, es mochte gegen 11 Uhr des nachts sein, eine Laterne auf sich zukommen. Die Laterne aber stieg höher und höher, wohl fünzig Ellen hoch und nun erahnten sie, dass es ein langer feuriger Mann war, der vor ihnen stand. Wandte er sich nach der Stadt zu, so war nichts zu sehen, denn nur eine Seite war feurig, die andere dunkel. Dreimal wandte er sich von ihnen ab und dreimal stand er feurig vor ihnen; nach der dritten Wendung aber verschwand er und jene waren froh, mit heiler Haut davongekommen zu sein. ...

»Auf dem Haine bei Weida nennt man eine Gegend den ›grünen Tisch‹. Dort sahen einmal ihrer eine ganze Anzahl einen Mann auf einem schwarzen Ziegenbock heraufgeritten kommen und hernach ganz in ihrer Nähe verschwinden. ...

In hellen Mondnächten kann man auf dem Eselswege von Weida nach Köckeritz einen Mann sitzen sehen, der einen Dreistützer auf dem Kopfe hat und eifrig in der Bibel ließt. ...

Der Weidaer Scharfrichtersknecht, der wusste, dass es auf dem Wege nach Köckeritz, den Martinsgrund hinauf, aufhucken sollte, machte es sich einmal zum Spaß, als Gespenst verkleidet dorthin zu gehen und sich von einem bis Köckeritz tragen zu lassen. Soweit ging alles gut, rückwärts aber fand er sein Zahlaus. Es huckte ihm selbst auf und nachdem er´s bis zum Tore getragen, legte er sich hin und starb nach 9 Tagen. ...

Einer der sich im Martinsgrunde hinterm Weidaischen Gottesacker befand, sah des nachts gegen 11 Uhr einen Leichenzug daherkommen mit vielen Begleitern, die zum Teil Fackeln trugen. Neugierig begab er sich auch mit hinein in den Gottesacker und sah dort, wie man den Sarg einsenkte und wie alle Umstehende die Hüte abnahmen, das Vaterunser zu beten. Alsbald aber war der ganze Zug vor seinen Augen verschwunden und wie er entsetzt davoneilen will, findet es sich, dass das Gatter verschlossen ist. Um nicht die Nacht auf dem Gottesacker zuzubringen, was er um keinen Preis vermocht hätte, sprang er schließlich über die Mauer.«[32]

»Im Höllengraben und auf dem Höllenbergen bei der Weidaer Papiermühle lässt sich zuweilen ein mächtiges Prasseln und Rauschen hören in den Ästen und Gezweigen des Waldes. Es ist nicht anders, als ob ein großes Untier auf einem zukäme. Dessen Hervorbrechen abzuwarten, hatte aber noch keiner Lust, und ohne etwas gesehn zu haben, suchte jeder noch das Weite. ...

Mehrere Obsthüter bei der Hölle, einem Gebüsch nicht weit von der Töpfergasse in Weida, hörten in der Nacht eine Menge Reiter auf sich zukommen. Wie sie flohen, sind ihnen jene dicht auf den Fersen gewesen und deutlich haben sie die Eisen klappern hören.«[33]

## DIE WEISSE FRAU

»Im Zossener Gute ist´s zu gewissen Stunden, besonders zwischen 11 und 12 Uhr, im Keller nicht ›geheuer‹. Eine weiße Frau treibt da ihr Wesen und öffnet man die Tür, so steht sie vor einem. Sie geht nachts durch die Gebäude, öffnet alle Türen und wirft sie mit Geräusch wieder zu, doch tut sie niemanden ein Leid. Der letzte Besitzer machte Fremde, die bei ihm übernachteten, immer im Voraus darauf aufmerksam; zu diesen kam sie zwar auch, aber immer nur bis vor die Tür. Ein alter Oberförster in Zossen hat mal geschworen gehabt, die weiße Frau zu erschießen, wenn sie sich bei ihm sehen lassen würde; aber ehe er noch die Flinte hat anlegen können, hat er ein paar gewaltige Ohrfeigen weggehabt.«[34]

## DER ALTE KOPPY ZU MEILITZ

In Meilitz nahe der Straße von Gera nach Wünschendorf steht ein barockes zweigeschossiges Herrenhaus mit Mansarddach und Freitreppe. Dort lebte vor über 400 Jahren ein Mann, der als durch und durch unheimlich galt. Es war der Rittergutsbesitzer selbst, der Herr von Koppy, aus einem alten Adelsgeschlecht, dem in der Pflege Gera mehrere Rittergüter gehörten.

Manches gab Kopy seinen Mitmenschen zu denken. Oft wunderte man sich, warum jedesmal wenn er ausfuhr eine schwarze Krähe vor seinem Wagen herflog. Oder man sah ihn aus den Fenstern seines Schlosses blicken, obwohl er gerade als Hauptmann in ausländischen Diensten, zu Felde lag. Einmal befahl er dem Kutscher ihn zu seiner Schwester nach Münchenbernsdorf zu chauffieren und beschwor diesen, sich auf der Fahrt keinesfalls umzusehen, sondern immer weiterzufahren. Als sie mit dem von Rappen gezogenen Wagen den Lohgrund hinauffuhren und in die Nähe des Kreuzweges kamen, befahl Koppy alles nur mögliche an Geschwindigkeit aus dem Gefährt herauszuholen. Plötzlich schien es dem Kutscher, als ob ein Sturmwind hinten im Wagen herjage. Dann hörte er hinter sich heftiges

Ringen und Würgen und zuletzt ein Krachen. Jetzt hielt es der Knecht nicht mehr aus und sah nach hinten. Um ihm herum war es totenstill. Sein Herr lag entseelt im Wagen, das Angesicht im Nacken. Von Entsetzen gepackt, rauschte der Kutscher nach Münchenbernsdorf hinein. Die Schwester wollte mit dem Leichnam seines Herrn nichts zu tun haben und er musste nach Meilitz zurück. Die Leiche wurde auf einem Paradebett aufgebahrt, kam aber nie zur Ruhe. Entweder war sie zeitweilig verschwunden, oder wurde in anderer Position vorgefunden. Als man sie endlich mit großem Prunk begrub, stand Koppy am Fenster des Herrenhauses und sah seine eigene Leichenfeier mit an. Sein Erbbegräbnis auf dem Veitsberger Friedhof konnte, solange es stand, nie ganz vollendet werden. Das Dach hielt nicht und jedesmal wenn es instandgesetzt wurde, fehlte nach drei Tagen mindestens ein Ziegel. Sein Abbild stand in der Kirche rechts vom Altar, doch es hatte eine merkwürdige Ausstrahlung. Der Kopf stand seitwärts und das Gesicht im Nacken. Dabei schnitt er Grimassen, ja streckte sogar die Zunge heraus. Darum ist wohl später der Kopf ganz abgeschlagen worden. Auf einer Ofenplatte im Schloss existierte noch ein anderes Abbild von ihm, das dem Zerschlagenen glich. Seine Leiche aber soll nicht verfault, sondern nur vertrocknet und im Harnisch, nebst umgeschnalltem großen Säbel lange noch durch eine Mauerritze in der Begräbniskapelle zu sehen gewesen sein, worauf man die Ritze später vermauerte. Als Geist erschreckte der Gutsherr noch lange Zeit die Lebenden. Dabei trat er als schwarzer Hund mit feuersprühenden Augen, als Kalbe, als Spitz ja sogar als Erbsenbüschel auf und machte den Dorfleuten, die sich nachts draußen auhielten oder den Gutsangestellten, die spätabends nach Hause kamen, arg zu schaffen.

Manchmal fuhr Koppy auch mit einer Eskorte aus Fackelreitern – wie bei seinem Begräbnis – den Veitsberg hinauf. Dem Wanderer gelang es nie, seiner Kutsche, in der er ohne Kopf thronte, ganz auszuweichen. Immer wurden sie von den wie toll vorüberrasenden Gefährt gestreift. Nebenher lief immer ein schwarzer Hund. Auch gefiel es dem Gespenst ab und zu auf einem Schimmel die Grenzen seiner ehemaligen Grundstücke abzureiten. Die Pferde, die er dazu benutzte, standen früh schweißgebadet wieder im Stall.[35]

## SEIDEMANNS GARTEN

»Bei Seidemanns Garten zwischen Sirbis und Crimla hält sich ein gespenstisches Kalb auf, das die Leute nachts bis zum Dorfzaune begleitet. Gesehen habens wohl wenige, aber schon viele habens hinter sich pfeifen und schnauben und zuletzt am Zaune auch wimmern hören. Auch den Schnee hörte man unter seinen Tritten knirschen, obschon die Spur davon früh nie zu entdecken war. Einer, hinter dem es auch hergeäschpert kam, zog sein Messer – da wich es und ließ von ihm ab.«[36]

# DER JÄGER UND DAS MÄDCHEN

Ein Mädchen ging einmal von Gera heim nach Dürrenebersdorf. Wie sie –
es muss gegen Mittag gewesen sein – über den Roten Berg in der Nähe
des Kuhtanzes kommt, erscheint plötzlich ein Reiter auf einem schnee-
weißen Pferd. Sein Aussehen ist jugendlich erhaben. Er trägt Jägerkleidung
im Stil des 18. Jahrhunderts. Sein grünes Wams ist reich an goldenen Tres-
sen, der Dreispitz goldverbrämt. Dazu trägt er gelblichlederne Hosen und
Handschuhe, Stulpenstiefel, Sporen und einen Hirschfänger. Verwundert
grüßt das Mädchen und lächelt ihm zu. Der Jäger nickte dankend mit so
freundlichen Gebahren, dass sich das Mädchen sofort hätte in ihn verlieben
können. Wie sehnsuchtsvoll streckte sie die Arme nach ihm aus, aber schon
wenige Schritte hinter ihr, war der Jäger im Nichts verschwunden gewesen
und dem Mädchen blieb nichts anderes übrig als weiter zu gehen. Zu
Hause erzählte sie die Geschichte der Mutter. Die rief erfreut: ›Ei Du
Glückskind! Der Reiter lässt sich nur alle fünfzig Jahre sehen und diesmal –
hat er sich Dir gezeigt‹.[37]

# DIE BEIDEN KNÄBLEIN

Nachdem im Jahre 1654 nach einem Wolkenbruch auf der Hochebene bei
Niebra die Wiepse über ihre Ufer getreten war und faktisch den gesamten
Ort Liebschwitz mitsamt der Kirche hinweggespült hatte, erschien am 2.
Mai p.A. in den Amtsräumen des Geraer Superintendenten M. Zopf der
hiesige Tagelöhner Hans Springer und zeigte der Obrigkeit an, was ihm am
vergangenen Montag nachmittags 3 Uhr auf dem Rückwege von Neustadt/
Orla zwischen Großebersdorf und Hundhaupten an einem Ort, namens
›Steinbock‹, widerfahren sei:»Anfänglich hörte er, heisst es in dem darüber aufgenommenen Protokoll, als wenn ihrer zwei, eins tief, das andere
hoch sängen, welches sehr anmutig und erfreulich zu hören war. Nachdem
er ein wenig noch fortgegangen, erschienen plötzlich zwei Knaben bei ihm,
weiß angekleidet, wovon sich einer zur linken, der andere zur rechten Hand
des Mannes gesellte, ihn gleichsam in der Mitte lassend und mit ihm fort-
gehend. Beide waren in der Statur von 4 bis 5jährigen Knaben, nur das zur
rechten etwas größer als das andere. Springer war über diese Erscheinung
anfangs sehr erschrocken, das Knäblein zur rechten aber hat sagte: ›Vater,
wo willst Du hin?‹ und als er mit Zittern geantwortet: ›Ich will nach Hause!‹
hat es ihm zugeredet, er solle sich nicht fürchten, sie hätten ihm etwas zu
sagen, welches er anderen Leuten verkünden und es ja nicht verschweigen
sollte. Das Knäblein sprach hierauf weiter: Gott hätte neulich eine
Wasserflut kommen lassen, welche noch gnädig abgelaufen, es würde
aber, woferne nicht mehr Buße erfolge und sonderlich die Clamodo-Klei-
dung und die zugespitzten Schuhe abgestellt würden, in kurzem eine noch

größere Flut zu erwarten sein und da hierauf noch keine Besserung sich ereignen würde, so sollte erst die allerschrecklichste Wasserflut um Johanni erfolgen. ... Sofern man aber rechtschaffene Buße würde verspüren lassen, würde Gott solche Fluten in Gnaden abwenden. Das Knäblein befahl ihm dabei zum Öfteren an, er solle dieses, was sie ihm gesagt, ja nicht verschweigen, sondern allen, so ihm begegnen würden, insonderheit aber seinem Beichtvater es anzeigen, sonsten würde er eine große Strafe zu gewärtigen haben. ... nach diesen verschwanden die Knäblein plötzlich, beim Umsehen waren sie weg und Springer wusste nicht, wo sie hingekommen.«[38]

## DIE WINSELMUTTER

Wenn jemand in Frankenthal sterben wird, kommt vorher die Winselmutter, auch ›Wehklage‹ genannt und man sieht sie vor dem zukünftigen Trauerhaus auf der Gasse. Es ist ein langes Gespenst und zeigt bald die Gestalt einer Ziege, bald die eines Hundes mit sehr langem Schwanz. Es stößt aber schrecklich klagende Töne aus. Als das Gespenst zuletzt erschien, ist ein großes Kindersterben darauf erfolgt.[39]

## DER HIFTGRABEN BEI GROSSSAARA

In den Hiftgraben, einer Seitenschlucht des Pippelsgrabens bei Großsaara, ist der Geist eines Bauern gebannt, der im Leben Fuhrmann war und im Grab keine Ruhe finden konnte. Nachdem er sich noch lange auf einem mohrenschwarzen Hengst im Hofe seines Gutes und auf der Wiese daneben im Hiftgraben umhergetummelt hatte, dass man die Eisen klirren hörte, wusste man sich nicht anders zu helfen, als den Scharfrichter von Crimmitschau – der, da nur selten eine Hinrichtung anstand, sein Dasein mit Geisteraustreibungen fristete – kommen zu lassen. Der beschied das Gespenst vor sich. Anfangs war es in seiner natürlicher Größen gekommen. Es wurde aber zurückgeschickt mit der Auflage es müsse kleiner wiederkommen. Noch mehrmals kam es wieder und war immer noch zu groß, bis es endlich so klein war wie ein Hahn. Da steckte es nun der Scharfrichter in einen Sack, schaffte es in den Hiftgraben und wies ihm dort eine eng umgrenzte Stelle an, die der Geist nicht verlassen konnte.[40] Auch eine Stelle auf halbem Weg nach Schöna, wo sonst einige Eichen standen, galt früher als Spukrevier.

## SPUK AM KREUZWEGE

Vorallem Wegkreuzungen waren in der magischen Vorstellungswelt der Altvorderen so bedeutsam, dass man sie besonderen Schutzgöttern weihte. In der Volksphantasie spielen bis weit ins 19. Jahrhundert hinein mitternächtliche Geister, Irrlichter, feurige Hunde, Menschen ohne Kopf und gespenstische Schimmelreiter an Kreuzwegen eine wichtige Rolle. Hier konnte man mittels Zauberei Krankheiten ›vertun‹, Prophetie betreiben und in der Silvesternacht ›horchen‹.[41] »Arg trieb es ein Graumännchen bei einem Kreuzweg bei Niederndorf, wohin es gebannt war. Im Leben mag es wohl auch so ein Bruder Tunichtgut gewesen sein, so dass es nun immer noch fortfahren muss, den Leuten nichts als Übles anzutun. Wer nicht geworfen wird, dem huckt es sicher auf, dass man die blauen Fingerspuren hernach, wer weiß wie lange, noch an der Achsel sehen kann und wer gar nicht den Tod schon davontrug, der ist doch sicherlich hinterher noch lange krank gelegen.«[42]

## DER UNHEIMLICHE TESSENGRUND

Zwischen Kraftsdorf und Harpersdorf zieht sich ein dunkles Waldtal namens ›Tesse‹ hin. An seinem südwestlichen Ausläufer befinden sich noch alte Grundmauern und die Reste eines Brunnens. Hier soll ehedem die Stadt Dessau gestanden haben. Bei einem feindlichen Angriff aber, der von den Schanzen an der Kanzelfichte bei Kaltenborn aus geführt wurde, sank der Ort in Schutt und Asche. Über den Tessengrund waren früher viele unheimliche Geschichten im Umlauf. Auf dem gebrückten Weg erscheint manchmal die Gestalt eines alten Jägers ohne Kopf. Ebenso sind dort und überhaupt in den Wäldern zwischen Kraftsdorf, Harpersdorf und Saara gespenstische Erscheinungen weißer Frauen zusehen. An der Stelle, wo sich früher die Meiler befanden, spukt ein großer Hund mit einem goldenen Halsband. Den Köhlern zeigte er sich zwischen 11 und 12 und seine feurige Zunge hing ihm dabei ellenlang zum Hals heraus. Nichtzuletzt treiben im Tessenteich Nixen ihr Wesen.[43]

## DER GRENZSTEIN

Vor etwa 150 Jahren lebte in Reichenbach bei Kraftsdorf ein Bauer, den seine Mitmenschen wegen seiner ausgesprochenen Raffgier und Missgunst weitgehend mieden. Man sagte ihm immer nach, er habe sogar die Grenzsteine heimlich verrückt um seine Ländereien zu vergrößern. Auch nach seinem Tod sorgte er noch für Furore, indem er manchmal seiner Familie erschien und sich stillschweigend vor ihnen auf die Ofenbank setzte. Lange Zeit hatte keiner den Mut, den Verblichenen anzureden und die Familie lebte in Schaudern und Unruhe. Eines Tages bat man den Ortspfarrer um Abhilfe. Dieser betrat die Stube, bekreuzigte sich dreimal zur Abwehr des Bösen und fragte den Toten im Namen der Dreiheiligkeit warum er die Lebenden ängstige. Der Geist bat: ›Bitte setzt auf dem Hainacker jeden Grenzstein wieder auf seinen alten Platz. Die richtige Stelle findet ihr dort wo ein schwarzer Tritt zusehen ist!‹ und verschwand darauf. Am anderen

Morgen erfüllten die Angehörigen den Wunsch des Toten und setzten die Steine wieder an ihren alten Ort. Daraufhin fand der Verstorbene seine Ruhe und ist nicht wieder erschienen.

# HERZOG CHRISTIAN VON EISENBERG

Der letzte Vertreter des ernestinischen, von Weimar her begründeten Teilherzogtums Sachsen-Eisenberg, Herzog Christian [1653-1707], war der Erbauer der Eisenberger Schlosskirche. Er war ein hochgebildeter Mann, dem man nicht absprechen konnte, durchaus um das Wohl seiner Untertanen bemüht gewesen zu sein. Allerdings hatten ihn prachtvolle Hofhaltung und reiche Bautätigkeit so tief in die Krise gestürzt, dass er zuletzt einzig in Alchemie und Geisterbeschwörungen sein Auskommen suchte.

Mancher Betrüger, allen voran seine eigenen Hofleute, entlockten ihm ungeheure Beträge für die Kunst Gold zu machen oder für die Beschaffung von gefälschten Schatzkarten. Sein Vertrauen in die Reichtümer, die seine Geister ihm verschaffen wollten, war so groß, dass er kurz vor seinem Tod seinen Untertanen auf drei Jahre alle Steuern erließ und die Gehälter seiner Berater wesentlich verbesserte. »In seinem Schlosse soll es die unglaublichsten Spukerscheinungen gegeben haben. Wie die Heimatforschung ergab, hatten sich gewissenlose Bedienstete und ihre Helfershelfer durch das Vortäuschen von Geistererscheinungen beim Herzog Einfluss verschafft. Marie Guthmann gehörte zu ihnen und war am herzoglichen Hof gut bekannt. Dank ihres Einflusses konnte sie für Klosterlausnitz die Braugerechtsame erwirken und hat einmal etwas Gutes für die Allgemeinheit getan.«[44] Neben der Schlosskirche befand sich Christians – heute zu Teilen im Eisenberger Stadtmuseum ausgestelltes – unheimlich düsteres Betzimmer: »Auf dem an der einen Wand stehenden schwarz behangenen Betpult liegt unterhalb eines den Tod darstellenden, sensenschwingenden Gerippes die Heilige Schrift aufgeschlagen. Die Wände sind voller gewirkter Bilder mit toten, bleichen Gesichtern in schwarzen, düsteren Särgen, ernsten Predigergestalten in langen, dunklen Talaren. Inmitten all des Grauens prunkt in heller Strahlenkrone das glitzernde Antlitz Christi.«[45] Kurz vor seinem Tode häuften sich bei Herzog Christian die Geistererscheinungen. »So erschien bei ihm die 1613 verstorbene Anna, Gemahlin Herzog Johann Casimirs zu Coburg, mit dem sie in Unfrieden gelebt hatte und bat ihn, sie mit jenem zu versöhnen. Nachdem die Zeit verabredet war, ließ Herzog Christian die Wachen vor seinem Zimmer verdoppeln und bereitete dann Wachskerzen vor zum Empfange der zu Versöhnenden, ebenso wurden auf Rat des Superintendenten Bibel und Gesangbuch auf den Tisch gelegt. Nachts 11 Uhr erschienen wirklich beide Verstorbene und Herzog Christian legte ihre Hände ineinander, wobei er bemerkte, dass die Hand Caismirs eiskalt war, ganz warm aber die der Herzogin. Hierauf sprach er zur Sühne und nachdem Casimir erklärt hatte, dass er weise und gerecht gesprochen – erfolgte die Versöhnung und alle drei stimmten das Lied an: ›Herr Gott Dich loben wir!‹. Die Schildwachen haben indes nur des Herzogs Stimme hören können. Mit den Worten: ›Den Lohn für Deine Güte wirst Du von Gott erhalten und bald bei uns sein!‹, empfahlen sich die Versöhnten, Herzog Christian aber, ohnehin krank, nahm sich diese Worte zu Herzen und starb wirklich bald.«[46]

# DIE WEIßE FRAU

In vielen Burgen und Schlössern der Region, ebenso in alten Burgwällen, hat sich die Weiße Frau blicken lassen. Am plastischsten wurde das Phänomene in der zweiten Hälfte des 19. Jahrhunderts auf dem Rittergut Friedrichstanneck bei Eisenberg erlebt. Eine alte Frau, die im Jahre 1857 dort in Stellung war, gab später darüber folgendes zu Protokoll:»Einmal war ich in einem anderen Dorf zu einem Fest gewesen und kam erst spät zurück. So gegen 11 Uhr stand ich bei hellem Mondschein vor dem Tor. Als ich in den Hof eintrat, schlug es gerade elf. Mit dem letzten Schlage war es mit der Ruhe vorbei. Die Kühe wurden unruhig, die Ziegen sprangen hin und her und schrien ängstlich, der Hofhund jaulte und die Pferde stampften in ihren Ständen. Ich dachte, eine Kuh hätte sich losgerissen. Weil auf dem ganzen Gehöft sonst weiter niemand wach war, öffnete ich die Stalltür, um wenn nötig, die Kuh wieder anzuhängen. Kaum war ich aber im Stall, da blieb ich wie angewurzelt stehen. Hinter den letzten Kühen trat eine weiße Gestalt hervor. Der Schrei blieb mir im Halse stecken. Ich stürzte nach meiner Kammer, legte mich zu Bett und zog die Decke über die Ohren. Meine Kammertür hatte ich fest abgeschlossen. Allmählich wurde ich ruhiger und dachte, dass mich vielleicht ein Knecht hatte erschrecken wollen. Es hatte aber eben zwölf geschlagen, da vernahm ich ein schlurfendes Geräusch. Ich steckte wieder den Kopf unter die Decke und hielt den Atem an. Da kam etwas in meine Kammer und hob sacht die Bettdecke in die Höhe. Die weiße Frau stand vor mir und starrte mich eine Zeitlang an. Endlich wich sie wieder. Sie ging nicht, sondern huschte über die Dielen hin und schien sie gar nicht zu berühren. Als es eins schlug, war das Gespenst verschwunden. Von den anderen Mägden erfuhr ich am nächsten Tag, dass fast alle unter dieser Erscheinung zu leiden hätten. Ja mit der Zeit wurde der Spuk immer dreister und erschien sogar am hellen Tag. Lange litt es mich nicht mehr auf dem Gute. Einmal kam der Gutsherr mit dem Verwalter gegen Abend von der Jagd. Da stand die weiße Frau vor ihnen. Beide schossen zur gleichen Zeit nach ihr, trafen sie aber nicht. Der Gutsherr verkaufte schließlich das Gut. Sein Nachfolger ließ bauen, das war wohl um 1898. Seit dieser Zeit hat sich die weiße Frau nicht wieder sehen lassen.«[47]

# Ein Feenhügel?

»Südwestlich von Seifartsdorf erhebt sich rechts aus dem engen Trockental eine eigenartige Doppelkuppe, auf der bis 1921 eine alte Kiefer stand. Über diese Kuppe verläuft eine alte Flurgrenze. Ein Bauer aus Seifartsdorf ging eines Winterabends dorthin auf den Anstand und stellte sich unter die Kiefer. Der Mond schien taghell. Auf einmal begann es in dem Baume zu spuken. Es raschelte, quäkte und fauchte. Zugleich war es, als ob der Sturm brauste. Dabei rührte sich kein Lüftchen. Der Bauer konnte sich drehen und wenden, er fand weder die Ursache noch den Ursprungsort des Geräusches. mal war es über ihm, mal hinter ihm, dann wieder rechts und links. Er wollte in den Baum hinaufschießen, sah aber nichts. Da wurde es ihm unheimlich, und er ging rücklings den Hang hinunter. Als er seinen Bekannten und seinem Vater von dem Spuk berichtete, bestätigte ihm diese, dass es dort umging. Kein Jäger halte es dort aus.«[48]

# Ein Mottenmann?

»Von einem großen Gespenstervogel fühlten sich einst Seifartsdorfer Einwohner bedroht, als sie von Tautenhain den Grund hinuntergingen. Es war nach Mitternacht. Alles war windstill. Als sie zu dritt an Büchners Feld kamen, wo links Pufens krumme Fichte steht, ertönte plötzlich vom Wald her ein gewaltiges Brausen. Ein riesenhafter Vogel, so groß wie ein Menschenleib und mit Menschenbeinen schwebte über die nächtlichen Wanderer hinweg. Er schwankte hin un her und flog dann über eine Wiese den Bach hinauf. Die Männer bleiben erst stehen und dachten es sei eine große Eule. Als das Untier aber so federte, vermeinten sie den Drachen oder Teufel gesehen zu haben und rannten davon, bis sie die ersten Häuser des Dorfes sahen.«[49] Auch zwei Frauen, die im Hirschgraben südöstlich des Dorfes nahe des Hügelgrabs im Klosterholz Brennnesseln für ihre Gänse holen wollten, haben diesen Riesenvogel gesehen, als sie in der Dämmerung heimwärts auf den Schindelgraben zugingen. »Da flog ihnen vom Tännicht herunter eine große grau-schwarze menschliche Gestalt entgegen, schwebte immer über der Erde hin- und her und verschwand dann nach dem Hirschgraben zu, wo das Jagdhäuschen steht.«[50]

# Erscheinungen im Walde

In der Gegend oberhalb des altes Chausseehauses Blauveilchen, westlich von Bad Köstritz, das ob seiner Hügelgräber uraltes Kulturgebiet ist und überhaupt in den Wäldern um St. Gangloff, Tautenhain, Kraftsdorf, Harpersdorf und Saara sind immer wieder gespenstische Erscheinungen weißer

Frauen gesehen worden. Der Zimmermann Franz Büchner aus Tautenhain, der früher alltäglich nach Köstritz zur Arbeit ging, hat oberhalb des Blauveilchens folgendes erlebt:»Es war ein dunkler Herbstmorgen im November. Ein gewaltiger Sturm heulte im Wald. Als ich auf der Köstritzer Landstraße an Schützens Kiefer kam, schwebte auf einmal eine lange weiße Gestalt an mir vorüber über die Straße. Ich blieb wie gebannt stehen und konnte keinen Schritt weiter gehen. Als ich sagte: ›Alle guten Geister loben Gott den Herrn!‹, da war ich erlöst. Es wurde windstill, und ich konnte meinen Weg fortsetzen. Aber erst nach neun Tagen habe ich mein Erlebnis weitererzählt.«[51] Auch der Rückersgraben nördlich von Tautenhain galt als Aufenthaltsort der Weißen Frau erschienen sein. Ein Leiterhändler aus Weißenborn wusste darüber zu erzählen:»Ich fuhr einmal im Sommer nachts gegen zwei Uhr über Tautenhain nach Seifartsdorf den Grund hinunter. Mein Sohn war dabei und ging mit mir neben dem Leiterwagen her. Als wir bei Ulrichs Bärenkuppe waren, trat rechts aus dem Stangenholz eine baumlange weißgekleidete Frau heraus. Sie hatte einen kleinen Hut auf dem Kopfe und trug einen Handkorb am Arme. Ein Weilchen ging sie rechts neben dem Wagen mit. Wir trauten uns anfangs nicht, uns nach ihr umzusehen und sie anzureden. Als wir uns zuletzt doch umdrehten, war die Erscheinung weg. Wir sahen nur noch, wie sie in den Rückersgraben hinschwebte und verschwand.«[52]

»Unfern Nickelsdorf im Holze, dem sogenannten ›Kessel‹ hat ein Mann, namens Böttger, sich selbst überfahren. Seitdem kann man in der dritten, neunten, und zwölften Stunde im Kesselholze sein ›Hüh, hotte, Hüh!‹ hören und einer hat den Böttger dort sogar einmal selbst gesehen, wie er aus dem Walde und über den Weg kam. Das Gespenst trug gelblederne Hosen und schrie bis es jenseits im Walde wieder verschwunden war, unaufhörlich: ›Hotte hüh, hotte hüh!‹.«[53] Ähnliches kann man am Cosserschen Höllberg im Zeitzer Forst zwischen Hainsberg und Breitenbach erleben. Dort wurde einmal ein Schuster von einem Baum erschlagen.

»Seitdem sieht man, gewöhnlich in der fünften und sechsten Stunde, den Erschlagenen im Chausseegraben dort sitzen; den Kopf hat er gestützt und die eine Hand ist mit einem Handschuh bekleidet. Fährt hernach der Wind dreimal durch die Lüfte, so ist die Erscheinung verschwunden und man sieht nichts mehr.«[54]

# ZEITZ

Das albertinische Teilherzogtum Sachsen-Naumburg-Zeitz wurde nach dem Tode des sächsischen Kurfürsten Johann Georg I. [1586-1656] zugunsten seines jüngsten Sohnes Moritz [1622-1681], geschaffen. Es bestand weitgehend aus Streubesitz wie dem Stift Zeitz, dem Neustädter Kreis, dem Voigtländischen Kreis um Weida sowie Gebieten um Schleußingen. Das bis

1718 existierende Herzogtum wurde zuletzt von zwei Brüdern verwaltet. Herzog Friedrich Heinrich residierte bis zu seinem Tod im Jahre 1713 in Neustadt/Orla, sein Bruder Moritz Wilhelm dagegen in Zeitz. Letzterer musste wegen seines Übertritts zum Katholizismus 1717 die Stadt verlassen. Kurz vor seinem Abfall beschworen Augenzeugen eine Reihe von geisterhaften Personen in schwarzen Trauermänteln, dabei zwei Herolde mit langen Stäben, gesehen zu haben, wie sie am helllichten Tage aus dem herzoglichen Marschallamt herauskamen und nach dem Turm und nach der Schlobibliothek hinaufzogen, bis sie endlich ins Marschallamt zurückkehrten. Ebenso sah man vor der Wegführung des Neustädter Prinzen von Zeitz nach Raab, damit jener dort im katholischen Glauben erzogen werde, seine selig verstorbene fürstliche Großmutter in ihren Schleier gehüllt im Gestühl der Schlosskirche sitzen. Als man jedoch hinaufging, war der Stuhl leer, doch blickte die Erscheinung nun über demselben zum Fenster hinaus und warf einen Bund Schlüssel auf die Erde, was alles am hellen Tage geschehen ist.[55] Dem Herzog Moritz Wilhelm aber, der ähnlich wie sein Eisenberger Kollege Herzog Christian gewaltige, aber erfolglose Schatzgräbereien veranstaltete, esoterische Bücher und magische Amulette sammelte und wie dieser zum Opfer von Betrügereien selbsternannter Traumdeuter, Geisterseher und Zukunftspropheten wurde, hat dieser durchaus aus aufrichtigen religiösen Antrieb erfolgte Wechsel seiner Konfession kein Glück gebracht. Er starb 1718, inzwischen wieder Protestant geworden, in Weida, wonach das Land an das albertinische Kurhaus zurückfiel.[56]

Der Zeitzer Chronist Krebs berichtet 1837 über verschiedene unerklärliche Gespenster-, Poltergeist- und Lichterscheinungen, die sich in der Stadt während des 18. Jahrhunderts ereigneten, von denen einige nachfolgend erwähnt seien: »Anno 1721 am 14. März, also in der Sonntagsnacht, sah man in der Klosterkirche zu Zeitz im Fenster über der Türe wohl eine halbe Stunde lang einen blassen Schein, der die Stuben jenseits im Waisenhause ganz hell erleuchtete. In der Kirche war es totenstill und finster, nur im Heraustreten vernahm man ein Poltern. Acht Tage später schien es, als ob die ganze Schlosskirche voll Feuer sei. Die Soldaten durchsuchten alles mit Lichtern, denn es polterte dabei in der Kirche gar greulich. Wenn sie aber darin waren, bleib es still und finster und erst im Heraustreten begann die helle Erleuchtung und das Poltern von neuem. ... Anno 1726 am Huldigungstage ließ sich ein seltsames Geheul in der Schlosskirche und im Regierungsgebäude zu Zeitz hören; am 24. Januar 1728 aber nachts sah der Kanzler Trimpling in Zeitz ein Licht gleich einer Fackel in der Schlosskirche. Der Wache schien, als sei Feuer darinnen und Geheul, wie von Menschen und Hundestimmen. Zwölf Soldaten drangen ein; einer aber war allein vom Regierungsgebäude zur Kirche gegangen und ihm war es vorgekommen, als müsse sie unter fürchterlichem Krachen über ihn zusammenfallen. Als die anderen eintraten, war alles still.«[57] Endlich hat sich auch Anno 1733 nach dem Tod des Landesherrn, Augusts des Starken, zwei Nächte hintereinander auf dem Zeitzer Schlossplatz und zwar gleich beim Tor ein entsetzliches Geheul hören lassen. Auch im Schloss rumorte es in der Nacht vom 24. Januar grässlich und um Mitternacht sahen verschiedene Personen in Zeitz eine verschlossene Trauerkutsche mit sechs Rappen, hintendrauf mit zwei Dienern, mit furchtbarer Schnelligkeit durch die Straßen rasseln.»Der Fleischer Hemme sprang deshalb aus dem Bette und rasch ans Fenster, sah die gespenstische Kutsche aber nur noch um die Ecke biegen und die wendische Gasse hineinfahren. In der Zscherengasse begegnete sie einem Soldaten, welchen die Pferde mit funkelnden Augen anblickten. Andere Personen wollen die Kutsche gesehen haben, wie sie an der Watzdorfschen Ecke verschwand. Die Tochter des Barbiers Berthold hat Träber getragen, als das fürchterliche Gerassel von der Fischgasse herkam. Sie meinte, es müsse ein Obrist sein; da aber sieht sie beim Schein ihrer Laterne die überall mit schwarzem Tuch behangene Kutsche mit den zwei Dienern und den sechs Rappen an sich vorbeijagen. Endlich kam dem Nachtwächter auch, als er eben am Markte, an der Fischgassenecke, die Stunde hat rufen wollen, die Erscheinung in den Weg und zwar so schnell, dass er aus Schreck darüber das Rufen vergaß und kaum noch hat ausweichen können. Und nochmals, wie er an der Schlossgassenecke zu rufen hatte, kam die Kutsche die Zscherengasse herunter und so nahe an ihm vorbei, dass ihm vor Entsetzen die Stimme hat ersticken wollen. Er sah eben noch, wie zuletzt am Wagenhause alles verschwand.«[58]

Zu Beginn des Jahres 1740 vernahm man im oberen Stockwerk des Schlosses, in den Zimmern des gerade verreisten Kanzlers Zäumer Lärm und prasselndes Knallen, als ob eine Kompanie Soldaten ihre Gewehre abfeuern würden.»Anno 1773 spukte es im Zeitzer Schloss gerade zu der Zeit, da der Abgesandte des Kurfürsten anwesend war. Die Soldaten liefen voller Entsetzen von der Wache und den Gesandten warf es nachts aus dem Bette; die Wachen aber, die dasselbe umstanden, haben nichts zu sehen vermocht. ... Endlich 1778 am 24. Januar abends gegen 11 Uhr war es, dass man in der Rentkammer des Schlosses Geldkisten hin- und herziehen hörte. Da man eindrang, stand alles in größter Ordnung.«[59]

»Ins Schulzimmer des Zeitzer Franziskanerklosters kam einst, es war am 21. Juni 1821, eine aufgerichtete schwarze Tiergestalt und bedeutete einen Schüler, dem sie allein sichtbar war, ihr zu folgen. In der Nähe des Kellers öffnete sich alsdann eine Mauer und durch einen dunklen Gang kamen sie in ein Gemach, wo noch zwei solche Tiergestalten schreibend an einem Tische saßen, an der Decke aber hing in Ketten ein großes Buch.

Der Schüler sah jetzt durch die drei Finger seiner Hand, mit denen man das Kreuz macht, und so erkannte er in den scheußlichen Gestalten: Franziskanermönche. Der erste sagte ihm, es nahe ihre Erlösung, der Rektor möge eine Bibel auf das Katheder legen, er solle eine Schrift abschreiben und die Abschrift alsdann in fließendes Wasser werfen. Es geschah nach ihrem Wunsche, die alte seltsame Schrift selbst aber ist gleich nach genommener Handschrift unter des Schülers Händen verschwunden gewesen. Noch bedankten sich die Erlösten bei ihrem Helfer und sagten ihm, dass sie nun fünfhundert Jahre lange Strafe erlitten hätten.«[60]

## DIE CARIUS-EICHE

Nahe Großaga, am Eingang zum Zeitzer Wald, stand vordem eine alte Eiche, welche als durch nichts zu beseitigen galt und wo immer ein gespenstischer dreibeiniger Hase umging. Einmal spielten viehhütende Jungen dort das Räuberspiel, wobei sie den gefangenen ›Räuber‹ zum Scherz mit einer Peitschenschnur an einem Ast des Baum aufknüpften, um ihn alsbald wieder loszulassen. Da glaubten sie plötzlich jenen dreibeinigen Hasen auf sich zurasen zu sehen. Vor Schreck liefen sie auseinander und als sie zurückkehrten, hatte ihr an den Baum gehängter Kamerad − Carius war sein Name − schon sein Leben ausgehaucht. Seit dem Tag hieß die Eiche ›Carius-Eiche‹. Später wurde der Baum vom Blitz gespalten, andere sagen er sei vor Alter zusammengebrochen. Eine jüngere trat an ihre Stelle.[61]

## KNECHT RUPPRECHT AN DEN PÖTZDORFTEICHEN

Aus heutiger Sicht gilt Knecht Rupprecht als Gehilfe des Weihnachtsmanns. Seinem Ursprung nach scheint er eine eigenständige mystische Gestalt gewesen zu sein, eine Art Personifikation des Winters, die in den Unternächten, der Zeit nach Heiligabend, gerne umging. Einige düstere Waldstätten tragen noch heute seinen Namen, wie etwa bei Tschirma in der Nähe der Talschlucht Lerche. Nun begab es sich einmal, dass drei Söllmnitzer in Bethenhausen den Knecht Rupprecht spielen wollten.
Sie vermummten sich und machten sich auf den Weg. Als sie die Pötzdorfteiche passierten, bemerkte jeder für sich, dass sich noch ein Vierter hinzugesellt hatte. Keiner wagte den anderen daraufhin anzusprechen, um nicht an den Falschen zu geraten. In Bethenhausen angelangt, kehrte man auch zu viert ein, aber ein jeder dachte daran, sich heimlich davonzuschleichen. . Hinter dem Dorfe fanden sich alle viere wieder zusammen. Nun begann der Heimweg und unseren Rupprechten schlackerten die Knie. Wie sie wieder an den Pötzdorfteichen vorbeikamen, waren es wieder ihrer drei und keiner konnte sagen wohin der unheimliche Vierte plötzlich verschwunden war.
Die Pötzdorfteiche sind von jeher verrufen. Viele Sagen von Nixen und Irrlichtern haben sich hier erhalten. Ein Schulmeister, der hier auf Anstand

war, schoss einmal auf die seltsamen Lichterscheinungen. Dabei flog ihm das Feuer so um die Ohren, dass die schwarzen Flecke nie mehr aus seinen Gesicht verschwunden sind.[62]

## GROSSMUTTER STEHFEST

»Die alte Stehfest in Schwaara hatte den Drachen. Man hat bei ihr bemerken wollen, wie sie bei der Kommunion die Hostie niemals verschluckt, sondern sie der schwarzen Kuh in den Trog geworfen hat und ähnliches mehr, weshalb sie denn erst auf dem Mist hat ersterben können und im Grabe keine Ruhe fand. Es war gerade drei Tage nach ihrem Tode, da ihr ein Ronneburger Schuhmacher begegnete, von dem sie sich – er wusste nicht, dass sie eine Verstorbene war – ein Paar Schuhe [nach Anderen ein Paar grüne Pantoffeln] anmessen ließ und dem sie sagte, sein Geld werde er über der Tür finden. Da fand es sich auch, als er die Schuhe brachte, die Hinterbliebenen aber verbrannten die Schuhe, welche sie sich deshalb bestellt hatte, weil die ihr mit ins Grab gegebenen nicht die waren, die sie verlangt hatte. Man glaubte mit dem Verbrennen ihre Rückkehr ins Haus zu verhindern, sie kam aber nun täglich vors Haus und verlangte ihre Schuhe! Auch sonst ließ sie sich an allen Orten sehen. Im Taubenschlage, da einer nach einer Taube hat greifen wollen, sah er ihr plötzlich ins Gesicht.

Im Stalle lärmten des nachts die Pferde, dass sie morgens triefend und wie in Schweiß gebadet standen und wenn auf dem Gute der Hahn krähte, hat es nicht anders geklungen als: ›verflucht, verflucht!‹. Auch bei der Ernte half die Stehfest regelmäßig noch lange Zeit auf den Feldern. Aber auch im Dorfe sah man sie mit ihren grünen Pantoffeln auf Bäumen, auf der Gottesackermauer oder in den Weiberstühlen in der Kirche sitzen, dass beim Mittagsläuten weder Hirt noch Schulmeister sich mehr hinein gewagt haben. Ihr Gesangbuch hatte sie dann aufgeschlagen vor sich. Endlich trieb sie ihr Wesen auch auf dem Wege nach Gera, besonders bei der Buttermilchweide; dort führte sie die Leute stundenlang in der Irre herum, huckte ihnen auf oder setzte sich ihnen in die Körbe, dass schon manches den Tod davongetragen hat. Einmal äußerte ein Schmiedegeselle, er möchte doch auch einmal etwas von dem alten L. gwahr werden; siehe – da springt, als er gerade ein Rad durch´s Dorf zu treiben hat – die Stehfest von der Schwaarschen Gottesackermauer herab, stellt sich ihm in den Weg und meint: ›Da ist das alte L. ...!‹ und wie jener darauf sein Rad in Stich lässt und Reißaus nimmt, springt sie ihm auf den Rücken und lässt sich von ihm herein bis Trebnitz tragen! Dem ganz verstörten Gesellen hat das der Meister abgefragt und 9 Tage darauf begrub man seinen Leichnam, an dem noch die deutlichen Abdrücke von Händen und Füßen der Stehfest zu sehen waren. Die Bannungen hatten lange keinen Erfolg; man meinte, weil die Scharfrichtersleute zu schlecht bezahlt worden seien. Zuerst geschah es hinaus auf eine Wiese beim Dorfe. Da hat die Gebannte ein Kuhmädchen, das sie nicht gekannt hat, angerufen und sich von ihr heraustragen lassen, worauf sie alsbald wieder im Dorf gewesen ist. Auch mit der Satzweide war es nichts, im Krautgrunde; denn ein Vorüberghender riss sie aus und die darin gebannt Gewesene melkte schon denselben Tag wieder die Kühe im Dorf. Der Ronneburger Scharfrichter Oettel schaffte sie nun in ein ihrer Familie gehöriges Holz beim Ronneburger Chaussee-Rundteil, die Kirch-spitze genannt. Dort hat man sie als Henne umherflattern oder auf einer Esche sitzen sehen. Diese Esche haben zwei Ronneburger einmal schon halb abgesägt gehabt, als sie es von oben herabrufen hörten: ›Immer sägt zu! Immer sägt zu!‹. Da ließen sie davon ab. Endlich kam der Baum aber doch mit dem ganzen Holze weg und die alte Stehfest dadurch von neuem ins Dorf zurück. Nun nahm sie der Crimmitschauer [andere meinen der Zwickauer] Scharfrichtersknecht als Hummel mit hinweg und legte dort einen Stein darüber; wenn sie nun in Crimmitschau jemand sehen wollte, hob er den Stein, wobei jene immer ein großes Gesumme hören ließ.«[63]

## DER WÜSTENHAIN BEI DORNA

So schreibt Robert Eisel: »Durch den Wüstenhain zieht sich von Dorna nach Negis hinauf ein Grund, wohin ein unheimliches Licht gebannt ist. Ging einer mal drauf los, da hat es erst einen Schein nur gegeben, größer nicht als ein Johanneswürmchen, im Näherkommen aber ist es zum Kerzenlicht geworden und so fort und fort immer größer und größer, bis endlich die lohe Flamme über die Wipfel sich bäumte und funkensprühend durch die Luft davonzog.«[64] Wissenschaftliche Untersuchungen des 18. Jahrhunderts versuchten dieses Phänomen mit Dünsten und Erdgas zu erklären. Für die Anwohner aber war und blieb es der Drache.

Besonders verrufen war der auf Dornaer Flur gelegene Ortgraben. An der Stelle einer großen, sehr schönen Fichte sind verschiedenste Erschei-nungen wahrgenommen worden. Baumlange Männer sah man dort zwi-schen den Bäumen umhergehen, schwarze Hunde erschienen hinter den Zweigen. Auch ist manchen Leuten dort etwas schwarzes in Gestalt einer Biertonne um die Füße herum gekollert, während die Büsche in Flammen zu stehen schienen, so dass sie nicht eher fortkonnten, bis die Geister-stunde um war. Lange Zeit machte auch eine schwarze Katze – anderen sagen eine Kalbe – den Jägern im Wüstenhain viel zu schaffen. Setzte sie sich vor einem hin, der auf Anstand war, und glotzte ihn mit ihren großen feurigen Augen an, dann war es mit dem Jagdglück vorbei. Weit und breit hat sich dann kein Stück Wild blicken lassen. Manchem Jäger ging darüber die Geduld aus und er hat gemeint, ihr eins drauf platzen zu müssen. Dann ist es immer auseinander gestoben wie ein Tonne feuriger Kohlen. Die einen hatten hinterher noch ganz gute Jagd, anderen aber ist das Gewehr explodiert und an den Kopf geflogen. Von einem weiß man sogar, daß er neun Tage danach elend verstorben sei.[65]

## Die Kemenate von Röpsen

Am südwestlichen Ortsrand auf einer Insel im Teich stand bis vor einigen Jahrzehnten das Rittergut mit dem mittelalterlichen Wohnturm, der sogenannten ›Kemenate‹. Vor langer Zeit haben darin einmal ein Mann und sein Sohn übernachtet. Plötzlich, es muss gegen zehn Uhr abends gewesen sein, trat eine altmodisch gekleidete Männergestalt an ihr Bett. Vater und Sohn sahen deutlich die Kleidung des Fremden, einen braunen Frack, kurze schwarze Hosen, weiße Strümpfe mit Pantoffeln und einen dreieckigen Hut. Auf die Frage hin, was das Begehr des Mannes sei, seufzte er nur tief und verschwand mit einem heftigen Knall. Manchem aber, der in der alten Kemenate übernachten wollte, hat es den Hals umgedreht, so zuletzt einem Kind, dessen Eltern daselbst wohnten. Ein anderes Kind stürzte sich aus dem Fenster. Auch ein Pastor, der hier seine Studierstube aufgeschlagen hatte, hielt es nicht lange aus. Denn die Schritte des Unsichtbaren kamen dicht vor seine Tür. Im ganzen Haus rumorte es zuweilen stark. Im umliegenden Wahlteich, so sagen die Leute, soll ein Wassergeist hausen.[66]

## Vergrabene Schätze

»Einem Röpsener erschien im Traum durch drei Nächte eine Gestalt mit der Mahnung mitzugehen und unter des Nachbars Backofen einen Schatz zu ergraben. Unter Seufzern, weil sie nun nicht wiederkommen dürfe, verschwand die Gestalt endlich, denn der Pastor hatte dem Mann davon abgeraten. Hernach kaufte des Nachbars Baracke ein armer Schneider, der aus der Fremde dahinzog und von dem meinte man, dass er den Schatz gehoben habe, denn er hinterließ an Stelle des alten ein neues schönes Haus und jedem seiner Kinder gegen 800 bare Taler.«[67] Andere Schätze sollen von den 1806 hier durchziehenden französischen Soldaten vergraben worden sein, zum einem bei einer ehemaligen großen Fichte am Weg zwischen Röpsen und Gera [dort fand man allerhand Scherben], zum anderen bei einem großen Ahornbaum zwischen Röpsen und Roschütz [ebenfalls durch viele Scherben kenntlich]. Auch bei einem mächtigen Stein, der lange Zeit am alten Fußsteig zwischen Röpsen und Gera gelegen hatte und an dem sich die Bauernfrauen, wenn sie nach Gera zu Markte gingen, auszuruhen pflegten, soll ein Schatz vergraben liegen.[68]

# Wüstung Speutewitz

Zwischen dem Gewerbegebiet Bieblach und der Autobahnabfahrt befindet sich auf einem nach drei Seiten hin steil abfallenden Bergvorsprung, von der Hochfläche im Westen durch einen fast vollkommen verschütteten künstlichen Graben getrennt, die mittelalterliche Burg Speutewitz. Lange Zeit sind dort eingestürzten Keller und Reste eines Brunnens zu sehen gewesen, ebenso die Mauervierecke, auf denen wohl die Türme standen.

Unterirdische Räumen sollen sich tief in den Berg hinein erstrecken, Särge aus reinen Silber dort aufgebahrt liegen. Von dort führe ein unterirdischer Gang bis zur Dornaer Kirche, wo er unter dem Altar ausmünde. Ein Hund, der gerade einen Dachs verfolgte, soll einmal in diesen Gang hineingeraten sein und man konnte ihn an seinem Bellen weithin unterirdisch verfolgen. Zudem habe ein Einwohner aus Röpsen unter einer Eiche im Speutewitzholz immer wieder uraltes viereckiges Silbergeld gefunden. Erst als er jemanden davon erzählte, fand er nur noch ein Stückchen davon. Zwei übereinander gekreuzte Schlüssel waren darauf abgebildet. Noch heute soll es auf dem Speutewitz nicht ›geheuer‹ sein. Besonders nachts um 12, mittags um 12 und nachmittags um 4 Uhr pflegt sich dort allerhand zu ereignen. Ein Jäger befand sich einmal auf einer großen Fichte auf Anstand. »Da klopfte es unten an den Baum, aber da es finster war, konnte er nicht herausbekommen, was es war. Das Klopfen aber wurde so heftig, dass die ganze Fichte davon zitterte. Jetzt sprang der Jäger herab – da war alles still und verschwunden.«[69] Einem anderen Jäger, der hier auf einer Eiche saß, nahm etwas unbekanntes mehrmals die Mütze vom Kopf und warf sie zu Boden. Ein dritter sah, wie unter ihm im umwegsamen Gebüsch drei Reiter in langen Mänteln durch die Zweige brachen und oft sich dabei bücken mussten. Auch weiß man dort von gespenstischen Reitern, einzeln oder zu dritt, auf einem Pferd, einer Katze oder einer Kalbe reitend. Von einer Gruppe Frauen, die einst auf dem benachbarten Feld arbeiteten, rief eine plötzlich ganz entsetzt, sie habe ›ihn‹ auf einer Kalbe reitend gesehen. Wirklich haben auch andere dort je zuweilen einen Kerl auf einer Kalbe sitzend daherkommen sehen, doch hat ihn von vielen immer nur eines und die anderen haben nichts erblickt.

Kinder sahen auf dem Speutewitz einst einen Herrn und zwei Fräuleins, die gar fein und prächtig gekleidet waren und sich tanzend pfeilschnell im Kreise drehten. »Er trug eine breite Schärpe, jene aber hatten lange Schleier und an den Füßen gelbe Stiefelkettchen, wie sie sonst Mode waren; kaum dass alle drei – mit den Fußspitzen nur – den Boden berührten, auch berührten sie einander nur mit einem kreuzweise gelegten Finger. Noch im Hinsehen ist alles verschwunden gewesen.«[70]

# ROSCHÜTZ

Ein Mann kehrt in einer Neujahrsnacht von Gera nach Roschütz heim. Als er über den Gehrenberg geht, beginnt ein heftiges Schneegestöber. Nach geraumer Zeit hört er das Schnaufen und Rauschen eines Reiters hinter sich. Er will aus dem Weg gehen, da schlägt es ihm der Länge nach hin. Das Pferdetraben aber wird immer lauter, aber unser Mann kann sich nicht mehr rühren. Alle Versuche aus der Bahn zu kriechen misslingen. Er ist wie gelähmt und glaubt, nun es sei um ihn geschehen. Die Hufe des Rosses würden ihn zermalmen. Doch dann verliert sich der Spuk allmählich in der Ferne. Der Mann besinnt sich wieder, wo er ist, geht weiter und kommt glücklich nach Hause. Auch erscheint auf dem Roschützer Berg ein schwarzer Hund, der dem Wanderer stets voraustrabt. Sieht man ihn nicht, so hört man ihn vor sich schnaufen.

Im Pfaffengraben nördlich von Roschütz erscheinen ein Geist ohne Kopf, sowie ein Schimmelreiter. Manchmal wirft es auch nach den Leuten. Zu bestimmten Zeiten werden Vorübergehende heftig geohrfeigt. Man glaubt es seien die Geister von Selbstmördern, die sich dort umbrachten.[71]

Am Hechtsteich auf dem Weg nach Hain lässt sich manchmal eine weiße Frau sehen. Ebenda soll auch der Geist eines Röpsener Gutsherren, der zu Lebzeiten Mensch und Vieh geplagt hatte, umgehen, ohne Hosenträger mit halb heruntergelassenen Hosen.

# TINZ

Bei der Tinzer Kirche erscheint zu Zeiten ein schemenhaft gestalteter schwarzer Pudel.

An der Straße von Tinz nach Langenberg stand früher ein alter Birnbaum, der ›Lausebirnbaum‹. Hier hat es lange Zeit gespukt. Besonders Frauen hatten darunter zu leiden. Manche wurden von einen Gespenst ergriffen und mussten dreimal mit dem unheimlichen Kavalier um den Baum tanzen. Damit war der Schreck aber noch nicht ausgestanden. Zum Schluss wurden sie auch noch abgeküsst.[72]

An der Brücke über den Bach nach Milbitz hat früher ein Geist den Passanten ›aufgehuckt‹ und sich von ihnen herumtragen lassen. Etwa 50 Jahre später wurde nahe dieser Stelle eine Frau auf dem Heimweg von einer Kirmes von einem Wüterich angefallen und ermordet.[73]

# DER PSYCHOGRAF

In der Sagenwelt von Tinz spielt eine merkwürdige Maschine – die Geistermaschine [Psychograf] – eine Rolle, womit desöfteren der Geist des verstorbenen Roschützer Pastors Böhme herbeizitiert wurde.

Solche Psychografen spielen auch in einigen Gerichtsprozessen des 18. Jahrhunderts eine Rolle, beispielsweise als der Leipziger Magistrat nach dem Selbstmord des berüchtigten, dem geheimen Rosenkreutzer-Orden zugewandten Geisterbeschwörers und Betrügers Johann Georg Schrepfer [1730-1774] in dessen Wohnung die merkwürdigsten technischen Apparaturen beschlagnahmte. Andere Mitglieder dieser Gesellschaft, allen voran die beiden sächsischen Adeligen Rudolf von Bischofswerder und Heinrich Gottlob von Lindenau, sollen sogar mit solchen oder ähnlichen obskuren Apparaturen versucht haben, den preußischen König Friedrich Wilhelm II. [1744-1797] psychisch zu beeinflussen. Anders konnten sich Zeitgenossen den großen Einfluss dieser Loge auf die preußische Politik, welche 12 Jahre lang von dieser maßgeblich beeinflusst wurde, nicht erklären.[74]

## DACHDECKER ZIMMERMANN

Im Jahre 1865 starb in Langenberg der Dachdecker Zimmermann, der als Zauberer galt und von dem die wunderlichsten Geschichten im Umlauf waren. Er konnte besondere Krankheiten heilen und hatte daher viel Zulauf. Ebenso hieß es, er würde auch Krankheiten verursachen können.

Einmal bekam er in der Tinzer Schenke eine Ohrfeige. Darauf sagte er nur: >Du gibst keinem wieder Ohrfeigen!<, worauf der Angesprochene tatsächlich erkrankte und kurz darauf starb. Ein andermal arbeitete er allein auf dem Thieschitzer Kirchturm. Eine Menge Volks sah ihm dabei zu. Da kam auch ein fremder Scharfrichtersknecht des Wegs und bemerkte verwundert, dass er nicht allein auf dem Turm sei, sondern ihm geholfen werde. Der Mann logierte später bei Zimmermann. Wer seinen Künsten nicht glaubte, dem ließ der Dachdecker die übelsten Phänomene erscheinen.

Wenn manchmal Leute zu ihm kamen und vor seinem Haus mit ihm sprachen, sahen sie ihn nicht selten hinter dem Fenster im ersten Stock noch einmal stehen. Einst sah jemand auf seiner Treppe einen Hahn auf Pferdefüßen herunterkommen, der von Zimmermann sofort gröblich beschimpft und des Platzes verwiesen wurde. Aber das störte die Nachbarn schon gar nicht mehr. Das es bei dem Dachdecker spukte, wusste eben jeder. Zur Kirmes machte er sich einmal einen Spaß daraus, an drei Orten gleichzeitig zu sein. Während er in der Tinzer und in der Stublacher Schenke saß, sah man ihn auf einem Schimmel an der Köstritzer Steuereinnahme vorbeireiten. Es wundert nicht, wenn es von Zimmermann heißt, er habe schließlich ein schlimmes Ende genommen.

Ähnliche Geschichten über Zauberkundige kursierten im 19. Jahrhundert über den alten Hammermichel in Berga, Dicke in Bieblach, St. in Debschwitz, Helm in Korbußen, Vetterlein in Naulitz, Caspar in Rüdersdorf, Cappel in Schwarzbach, Müller in Stübnitz, Freiberger in Töppeln, Burgold in

Windischenbernsdorf, Hermann [Hemmann] in Wolfsgefärth, Schmidt in Zschippach, andere noch in Oberröppisch, Tinz und Waltersdorf bei Gera.[75]

## DIE VERSTORBENE HAUSMUTTER

»In einem Dorfe unweit Gera wars gar schwer für ein Gut einen Pächter zu finden, denn dort trat eine alte Frau, die es besessen hatte, allnächtlich noch um 11 Uhr zur Türe herein und blieb bis 12 Uhr auf der Ofenbank sitzen, wobei sie nichts tat, als alle Viertelstunden einmal zu niesen. Ein armer, aber fleißiger Knecht, der gern heiraten wollte, erbot sich endlich um einen billigen Zins zur Übernahme des Pachtes und, da er und seine Frau an die Erscheinung sich gewöhnt hatten, geschah es einmal, dass beim Niesen der Alten seine Frau halb schlaftrunken antwortete: ›Helf Ihr Gott, Großmutter!‹. Die ist aber bei diesen Worten freudig aufgesprungen, hat der, die sie durch diese Worte erlöste, tausendmal gedankt und ist, nachdem sie ihr den Platz noch gezeigt, wo sie ihr Geld vergraben gehabt, vom Gute weggeblieben. Drauf sind die armen Pächtersleute wohlhabender gewesen als andere Leute im Dorf.«[76]

## MAGIE UND ZAUBERBÜCHER

Zauberbücher und Anleitungen zu faustischen Höllenzwängen aus dem 18. Jahrhundert waren vorallem in der Herzogin-Anna-Amalia-Bibliothek in Weimar erhalten geblieben. Zumeist handgeschrieben oder gedruckt, fanden sie besonders in der letzten Epoche vor der Aufklärung weite Verbreitung. Die Bücher ›Praxis Magica‹ und ›Höllenzwang‹, die dem um 1480 geborenen legendären Magier Georg Faustus zugeschrieben werden, fesseln noch heute durch ihre magischen Zeichen, Geheimschriften und seltsamen Figuren, wie dem Pentagramm, das bereits auf den Kultgeräten der Jungsteinzeit zu finden ist. Der Aberglaube vergangener Zeiten und seine Verfolgung durch die Obrigkeit findet sich auch in zahlreichen Gerichtsprotokollen, Flugschriften und amtlichen Berichten. Doch war es zu Zeiten die Obrigkeit selbst, die in Gestalt der Herzöge Moritz Wilhelm und Friedrich Heinrich von Sachsen-Zeitz, Christian von Sachsen-Eisenberg, Ernst August von Sachsen-Weimar und vielen, vielen anderen sehr tief und bisweilen zu tief in diese Materie eingetaucht ist, während man dem einfachen Volk, und das nicht ohne Grund, die Gefährlichkeit magischer Praktiken predigte.

Verbreiteter dagegen waren das sogenannte ›Sechste und Siebende Buch Mose‹, die fälschlicherweise dem alttestamentarischen Patriarchen und damit der jüdischen Kabala zugeordnet wurden. Tatsächlich enthalten sie eine Sammlung von ›naturkundlichen‹, vornehmlich aber magischen Praktiken zur Bewältigung von Alltagssorgen wie Krankheiten, Beziehungs- und Geldproblemen. Zum Teil finden sich darin Anleitungen zur bewussten Schädigung der Mitmenschen bzw. zur Störung der Totenruhe.[77]

Wer im Sechsten und Siebenden Buch Moses zu lesen verstehe, so der von Robert Eisel überlieferte Volksglaube, dem würden alle Schätze der Welt, der Stein der Weisen etc. zuteil; wer es aber unrecht anfängt, kann unglücklich dabei werden: »So wusste ein gewisser Fuchs in Brückla – mit dem es übrigens kein gutes Ende nahm – Dank seiner Bücher im Voraus genau den Tag und die Stunde seines Todes. Ebenso ein Mann in Raitzhain, namens Ritter. ... Oftmals haben solche Bücher auch Unheil angerichtet. Sei es, dass die Dienstleute oder die Kinder es waren, die auch einmal Krähen oder Soldaten hatten machen wollen oder sei es, dass jemand durch Zufall dazukam, in solchen Büchern zu lesen. ... In Ketten und Banden, und ohne dass jemand darin lesen darf, soll das Sechste und Siebende Buch Moses in der Kirche zu Untermhaus, aber auch in der Pfarre zu Köstritz verborgen liegen. ... In Tautenhain wusste man, dass das Buch im Eichhornschen Hause zu finden sei und dass es das ganze Dorf ins Elend bringen könne, weshalb man seine Existenz für nichts weniger ansah, als für ein Glück. Auch wollte man einst einem armen Schneider durchaus nicht gestatten, darin zu lesen; endlich aber gab man ihm doch eine Laterne und ließ ihn in den Keller, wo das Buch sich befand, hinabsteigen. Unser Schneider nahm dort Platz auf einem Lehnstuhle und begann sogleich zu lesen. Aber es rauschte und sauste um ihn herum ganz greulich; aus dem Buche heraus stoben Eulen und Raben und Geisteraugen blickten ihn dabei an aus allen Ecken; ja zuletzt wusste er gar nicht einmal mehr, was er las. Wie nun seine Angst zum Höchsten gestiegen war, begann er endlich rückwärts zu lesen, worauf sich alles wieder ins Buch hineinverkroch und er nur froh war, mit dem Leben davon- und wieder heraufzukommen. Siehe, da stand das ganze Dorf versammelt, denn zwölf Stunden war er ausgewesen, da es ihm doch kaum eine gedäucht hatte. Einige alte Leute meinten zu seinem Abenteuer: er sei dem Ziele ganz nahe gewesen und in wenigen Minuten hätte er das Zauberwort finden müssen; aber der Schneider, dem nur seine Angst um Glück und Reichtum gebracht hatte, ist trotzdem nicht wieder hinabgegangen.«[78] Ähnliches ist aus Langenberg überliefert, wo ein Mann im Hause seines Dienstherrn am Dachsparren ein merkwürdiges Buch fand, das seine Aufmerksamkeit erregte. Sofort fing an darin zu lesen. Da erschien eine Krähe, dann eine Elster, dann wieder eine Krähe und so weiter, die um ihn herumflatterten, dass ihm ganz unheimlich wurde. Der Mann legte das Buch beiseite, verließ den Dachboden und schnell war die Sache vergessen. Doch es dauerte es nicht lange, da erschienen ihm diese flatternden Vögel und hinterher nocheinmal, dass er sich davor nicht erwehren konnte. Man gab ihm den Rat, er solle das Buch rückwärts lesen, sonst hacke ihm das Ungeziefer zuletzt die Augen aus. Und richtig, erst dann verschwand der Spuk. Nun kam aber nachts etwas an sein Bett und sagte: ›Du hast mich gerufen!‹. Der Mann vermutete richtig, dass das dies nur der Teufel sein könne, von dem es hieß, er würde jedem, der das Sechste und Siebende Buch Mose lese – denn um nichts anderes hatte es sich bei dem Buch gehandelt – in Krähenform erscheinen. Der Mann wollte nichts mit dem Teufel zutun haben und beschied ihm grob, er möge sich ja wieder packen. Aber schon die folgende Nacht erschien ihm dieser wieder und sann erneut darauf einen Pakt mit ihm zu unterzeichnen. Darauf forderte der Mann den Bösen ›in Gottes Namen‹ auf, sich endlich zu entfernen, und da dieser gutwillig nicht hatte gehen wollen, warf er ihn ›in Gottes Namen‹ zur Tür hinaus und die Treppe hinunter. Daraufhin blieb der Teufel verschwunden, aber noch eine ganze Weile zog dem Mann im Schlaf der lange Schwanz des schwarzen Gesellen übers Gesicht, bis er endlich ganz hinaus war. Das Buch aber ist hinterher zum Pfarrer gebracht worden, der es verbrannte. Nach einer anderen Überlieferung soll ähnliches um das Jahr 1830 einem mit seiner Herde bei Langenberg weidenden Schäfer gesche-hen sein, nur hatte er das magische Buch im Mondenschein auf der Deichsel seines Hürdenhäuschens sitzend gelesen. Es dauerte nicht lange, schon stand der Teufel vor ihm, sagte, er käme nicht umsonst, weil aber der Schäfer vor Entsetzen weder Ja noch Nein hatte antworten können, gab ihm der Schwarze schließlich eine tüchtige Ohrfeige und verschwand.[79] Dass die Faszination an der Magie momentan wieder eine Renaissance erlebt, dass magische Denkweisen und esoterische Praktiken längst wieder in die Bücherwelt und damit in die Realität ihrer Leser zurückgefunden haben, zeigt ein Blick in jede gut sortierte Buchhandlung. Magische Übungs-anleitungen, die über ›Fausts Höllenzwang‹ und das ›Sechste und Siebende Buch Mose‹ weit hinausgehen, werden quasi am Fließband wieder und wieder aufgelegt. Es gibt aber keine Instanz mehr, welche die ungezügelte magische Experimentierwut einiger Zauberbuchliteraten zügeln könnte. Wozu auch, fragen die zuständigen Behörden. Magie gibt es nicht und was es nicht gibt, dem kann schließlich kein Einhalt geboten werden.

## SAGENSTATISTIK UND ERSCHEINUNGSHÄUFIGKEIT

Zahlreiche Orts- und Flurnamen in der an vorzeitlichen Altertümern ausge-sprochen reichen Geraer Umgebung lassen sich auf keltische – ja vorkel-tische – Sprachwurzeln zurückführen. Indem sich an vorgeschichtlich be-deutsamen Orten und heidnischen Kultplätzen – wohl der besonderen Aura des Ortes wegen – Sagen und Geschichten von Gespenstern und anderen andersweltlichen Entitäten geradewegs zu kanalisieren scheinen, hat die ältere Forschung explizit an solchen Sagenorten – in den meisten Fällen mit Erfolg – Ausgrabungen veranstaltet.

Von schätzungsweise 150 in unserer Studie ›Sagengestalten in der Volksüberlieferung, 1. Auflage 2009‹ untersuchten Lokalitäten zwischen Saale und Weißer Elster waren 90 mit Überlieferungen verknüpft. In 22% der Fälle ging es um Walburgen und vorchristliche Grabanlagen. 15% des Gesamt-Überlieferungsgutes erzählte von Geistern und Gespenstern im klassischem Sinn, 15% von Mühlen, 9% von Wüstungen, 7% vom Teufel, 5% von Waldgeistern, 5% von verborgenen Schätzen, 5% von unterirdischen Gängen, 3% von Schwedenhufeisen, 3% vom Wilden Jäger, 2% von Tiergespenstern, 2% von Fuhrleuten, 1% von Kobolden, 1% von Riesen, 1% von Nixen sowie 1% von Irrlichtern.

Demnach handeln 44 von 90 Geschichten von unerklärlichen Phänomenen. Dabei treten klassische Spukerscheinungen ansich zu 40%, Begegnungen mit Naturgeistern im weiteren Sinne dagegen zu 60% auf. Zu den meisten Kontakten mit dem ›Unheimlichen‹ [58%] kam es ausgerechnet in der Nähe von vorgeschichtlichen Wall- und Grabanlagen. Damit reiht sich unser Befund ohne weiteres in den allgemeinen Forschungsstand zu diesem Thema ein. In unserer Veröffentlichung ›Mythen und Legenden aus dem Geraer Raum‹ [2013], worin wir den Überlieferungsbestand von etwa 90 die Stadt Gera umgebenden Orten ausgewertet haben, ergibt sich dagegen ein anderes Bild: Betrachten wir allein jene 27 Vororte und Gemeinden im Nordraum von Gera zwischen Steinbrücken und Bethenhausen, kommen wir auf eine erhaltene, weitgehend aber verschwundene historische Bausubstanz von 19 Kirchen [darunter 2 Wallfahrtskirchen], 20 ehemaligen Rittergütern, 6 Vorwerken, 11 wüsten Dörfern, 14 alten Wallanlagen und 28 heidnischen Kult- bzw. Kultverdachtsplätzen, welche einen Überlieferungshorizont von insgesamt 125 Sagen bergen. 51% der Geschichten handeln von Gespenstern, so 25 von wiederkehrenden Verstorbenen [20%], 23 von gespenstischen Tieren [18%], 6 von der Weißen Frau [5%], 1 vom weißen Mann sowie 7 von Reitern ohne Kopf [6%]. Im Gegenzug erzählen 26 Prozent der Sagen von mythologischen Gestalten, so 4 vom Teufel [3%], 6 von Nixen [5%], 5 vom Wilden Jäger [4%], 2 vom Geld-Drachen [1,6%], 7 von Graumännchen und Zwergen [6%] sowie 11 von Irrlichtern [9%], während 23 Prozent des Überlieferungsgutes Hinweise auf sakraltopographische Zusammenhängen bieten, so 6 von sagenhaften Klöstern [5%], 5 von unterirdischen Gängen [4%], 13 von vergrabenen Braupfannen und anderen Schätzen [10%] sowie 4 von wiederausgegrabenen Glocken [3%], wobei Überlieferungen von Kultplätzen und Vorzeitwällen nicht eingerechnet sind. Ein Vergleich der beiden Statistiken ergibt, dass im Nordraum von Gera im Gegensatz zum gesamten Gebiet zwischen Saale und Weißer Elster eine extreme Häufung von Gespenstersagen festzustellen ist. Allerdings ist dabei zu bedenken, dass die Gruppe >Tiergespenster< aus volkskundlicher Perspektive nicht als eigenständige Gruppe betrachtet werden kann, da sowohl Verstorbene als auch Naturgeister in Tiergestalt erscheinen können, während man von den Geistern verstorbener Tiere ansich nur in Einzelfällen – und dann nur in Verbindung mit Opfererinnerungen an heidnischen Kultplätzen – überhaupt etwas hört. Ein ähnlicher Befund, allerdings mit einigen Abweichungen ergibt sich bei den verbleibenden 70 Ortschaften des Untersuchungsgebietes im Osten, Westen und Süden des alten Gera, mit 53 verschwundenen und erhaltenen Kirchen [darunter 5 Wallfahrtskirchen], 48 ehemaligen Rittergütern, 15 Vorwerken, Freigütern und Freihäusern, 21 Ortswüstungen, 25 alten Wallanlagen und 42 heidnischen Kult- bzw. Kultverdachtsplätzen mit einen Überlieferungshorizont von insgesamt 306 Sagen. Knapp die Hälfte davon [151] berichten von Gespenstern, so 60 wiederkehrenden Verstorbenen [20%], 68 von Tiergespenstern [22%], 16 von der Weiße Frau [5%] sowie 7 von Reitern ohne Kopf [2%]. 25 Prozent [77] der Geschichten haben mythologische Wesen zum Inhalt, so 8 den Teufel [3%], 6 Nixen [2%], 23 den Wilden Jäger [8%], 5 den Otterkönig [2%], 7 den Geld-Drachen [2%], 13 Zwerge und Graumännchen [4%] sowie 15 Irrlichter [5%]. 25 Prozent [78] des Überlieferungsgutes können in sakraltopographischen Zusammenhängen gesehen werden. So gibt es 21 Geschichten von sagenhaften Klöstern [7%], 27 von Unterirdischen Gängen [9%], 26 von Braupfannen und Schätzen [9%] sowie 4 von wiedergefundenen Glocken [1%]. Eindeutig zeigen die Statistiken also, dass Gespenster und wiederkehrende Verstorbene mit Abstand die häufigsten Sagengestalten Ostthüringens darstellen.

Die Frage nach Ursache und Wirkung von Geistererscheinungen bietet ein weites Feld für Spekulationen. Die Heranziehung physikalischer und psychosoziologischer Denkmodelle, so einleuchtend sie auch sein mögen, ist – wir werden es in den nachfolgenden Kapiteln noch sehen – unter Umständen am Ende nicht weniger spekulativ, als der Glaube an das Wirken und die Realität von unsichtbaren astralen Entitäten selbst.

# SOZIAL- UND ALLTAGSGESCHICHTE IN DEN SPUKSAGEN

Wer die Spuksagen ereignis-, geschlechter- bzw. alltagsgeschichtlich untersucht, gelangt zu höchst profanen Erkenntnissen, wodurch Geister wahrlich zu Menschen werden. Wie in den Märchen auch wird gutes Verhalten belohnt, böses bestraft. Wer das Gespenst erlöst, erhält den Schatz. Wer im Leben ein Unhold war, muss nach dem Tode umgehen. Das sich darum auch sozialdisziplinierende Momente ihren Eingang gefunden haben, sind man vornehmlich daran, dass das Umgehen als Gespenst selbst für solche Vergehen als Strafe herhalten muss, denen heutzutage ein viel geringerer Straftatsbestand zugemessen wird, als in der ständischen Gesellschaft des 18. und 19. Jahrhunderts. Wer zu Lebzeiten einen Grenzstein verrückt hat, muss diesem nach dem Tod durch die Gegend tragen. Wer im Leben ein Atheist oder ein Freigeist gewesen war oder auch nur wer nicht akribisch in die Kirche gegangen ist, dem war die Fortexistenz als Geist genauso sicher wie bösen Advokaten und ungerechten Richtern. Geht man dagegen in das 17. Jahrhundert in die Zeit des Johannes Prätorius zurück, versinkt man in einer Welt des Aberglaubens, wo man sich noch getraute, jedem noch so belanglosen Ereignis eine tiefere Bedeutung zuzuschreiben.

Die alten Geistersagen sind geradezu erfüllt von sozialdisziplinierenden Momenten. Wer den alten Brauch nicht einhält, wer zur falschen Zeit am falschen Ort ist, hat man mit Angriffen aus der Welt des Übersinnlichen zu rechnen. Da werden faule Mägde und Knechte bei Morgengrauen mit Gewalt von Poltergeistern aus den Betten geworfen, da wird den Gläubigen von einem Dämon der Bauch aufgerissen, weil sie die Fastenregeln in der Vorosterzeit nicht beachtet hatten, da müssen die Spinnerinnen in der Dreikönigsnacht die Kontrolle ihrer Spinnstuben durch Frau Berchta, eine alte Fruchtbarkeitsgöttin, fürchten, da wird dem zu spät vom Wirtshaus heimkehrenden Bauern der Heimweg vergällt. Mit dem Nachtbock, in dem unzweifelhaft Czernebog der sorbische Gott der Dunkelheit zu erkennen ist, werden kleine Kinder daran gehindert abends noch ins Dorf zu gehen. Auch das Peinliche hat in den Spuksagen seinen Platz. Auf dem stillen Örtchen wird der Hausvater von Gespenstern gepackt und gedrückt oder das junge Mädchen sieht einen männlichen Geist mit heruntergelassenen Hosen vor sich stehen. Verdrängte Triebaffektionen aus dem Unbewussten scheinen sich in den Spukgeschichten ausleben zu wollen.

In dieser Hinsicht deckt sich die Auswertung der Spuksagen mit dem allgemeinen Erkenntnisstand der Parapsychologie, wobei einschränkend gesagt werden muss, dass sich nur ein kleiner Teil der Geschichten auf einen solchen Erklärungshintergrund beziehen läßt.

# III. Wissenschaftliche Ansätze: SPUK - Ein Beweis für die Kontinuität des Lebens?

### Was umfasst der Spuk?

Beim kultur- und zeitübergreifenden Vergleich des Phänomens äußert sich der Spuk stets auf vergleichbare Weise: Wir sehen, hören, fühlen oder riechen Dinge, die nicht vorhanden sind. Wir nehmen Gegenständen wahr, die sich ohne erkennbare Ursache bewegen, sehen Personen, die längst gestorben sind oder nur eine schemenhafte Gestalt besitzen.[80]

Das Kausalprinzip scheint außer Kraft gesetzt. Es geschehen Dinge, die unserem Weltbild zu widersprechen scheinen. Warum ist das so?

### Die beiden Hauptsätze der Parapsychologie

Die Parapsychologie, die Wissenschaft von der Erforschung übersinnlicher und unerklärbarer Phänomene, hat zwei empirische Hauptsätze aufgestellt, an die man immer wieder erinnert wird, wenn man sich mit dem Paranormalen beschäftigt:

[1] PSI-Phänomene sind nichtlokale Korrelationen in psychophysikalischen Systemen. Das heißt, es geschehen Dinge, bei denen man nicht sagen kann, inwieweit das eine das andere bewirkt.

[2] Sobald versucht wird, das Phänomen zur Signalübertragung zu benutzen, indem man etwa mittels Seancen die Toten anrufen, oder die Lottozahlen vorhersagen möchte, bricht das Signal zusammen.[81]

Die Flüchtigkeit des Phänomens äußert sich zum Leidwesen der Forscher nicht zuletzt darin, dass es verschwindet, sobald man es registrieren will. Das beweist, warum nur wenige Wahrsager Lottomillionäre geworden sind und warum es kaum Gespensterfotos gibt. Es wäre methodisch aber verkürzt, mittels Karl Poppers kritischem Rationalismus zu resümieren: Was nicht gemessen werden kann, das existiert auch nicht![82]

### Philologische Zugänge

Das niederdeutsche Wort ›Spook‹ ist kein ursprüngliches Synonym für grauenhafte Erscheinungen. Einst diente der Begriff zur Umschreibung von hageren Menschen. Später wurde der Ausdruck mit Gezeter und Neckerei verbunden.[83] Darin äußern sich bereits zwei wesentliche Kennzeichen von Geistererscheinungen, die Theatralik sowie der damit verbundene Ordnungsverlust, der sich in bizarren, absonderlichen, eben koboldhaften Vorgängen ausdrückt.[84] Was der Volksmund ›Spuk‹ nennt, bezeichnet die Parapsychologie als ›sich wiederholende spontane Psychokinese.‹[85]

# SIND POLTERGEIST-PHÄNOMENE NACH AUßEN

## VERLAGERTE PSYCHOSOMATISCHE REAKTIONEN?

Der Parapsychologie arbeitet mit einer Art Steckbrief des Spuks: Methodisch werden die Fälle nach personellem bzw. ortsfestem Spuk unterschieden.[86] Von personellem Spuk, auch Poltergeistphänomen genannt, spricht man, wenn sich mit unsichtbarer Hand beispielsweise Gegenstände bewegen oder Steine geworfen werden.[87] Höchstwahrscheinlich hat dieses Phänomen mit einer so genannten Fokusperson zu tun. Das ist ein Mensch, der allein durch seine Anwesenheit bestimmte Phänomene auszulösen scheint. Er kann die Dinge weder gezielt beeinflussen, noch weiß er von diesem Zusammenhang. Die beiden Forscher Huessmann und Schriever[88] haben bei der Analyse von 57 Fällen zu 80 Prozent pubertierende Jugendliche als mögliche Urheber des Phänomens ausgemacht. Man glaubt daher, der Poltergeist sei eine nach außen verlagerte psychosomatische Reaktion. Bei potentiellen Fokuspersonen konnten verschiedene Auffälligkeiten konstatiert werden, wie: [1] Tendenzen zur Überanpassung, [2] konfliktausweichendes Verhalten, [3] Allmachtsphantasien, [4] strenge symbiotische Mutterbindung.[89] Zurecht könnte man dagegen einwenden, dass solche Beschreibungen auf einen großen Teil der Bevölkerung zutreffen, doch scheint es bei Fokuspersonen darüberhinaus noch einen Hang zur Dissoziation zu geben.[90] Dabei wird eine Abspaltung von im Bewusstsein zusammenhängenden Vorstellungen vermutet, welche zur Bildung eines zweiten Persönlichkeitskernes führen kann, welcher wiederum über eine eigenständige Intelligenz verfügt und auf seine physikalische Umgebung einwirken kann. Weil diese zweite oder gar dritte Persönlichkeit in den Tiefen des Unterbewusstseins verankert ist, wird sich der Betroffene ihrer nicht bewusst.[91] Eine weitere Voraussetzung für das Poltergeistphänomen besteht darin, dass sich die Fokusperson meist in einer extremen Konfliktsituation[92] befindet.[93] So haben Labortests gezeigt, dass paranormale Ereignisse, wenn überhaupt, dann in stark affektiv besetzten Situationen, sozusagen in einem gefühlsgeladenen Klima auftreten.[94]

Die ältere Forschung unter Fanny Moser und Hans Bender vertrat die Ansicht, es müsse einstmals etwas Dramatisches geschehen sein, das sich später im Spuk manifestiere. Walter von Lucadou dagegen hat profanere Anlässe für Spuk ausgemacht. Dazu gehören Dinge wie Heimweh, Sehnsucht nach dem Partner oder das Streben nach Anerkennung.[95] Damit ist Poltergeistspuk ein unbewusster Hilferuf einer Fokusperson, die sich anders nicht artikulieren kann.[96] Dabei werden psychische Energien nach Außen verlagert, als wenn Träume Wirklichkeit würden.[97] Die angestaute psychische Energie scheint sich dabei wie ein Gewitter zu entladen. Die Phäno-

mene verschwinden unverzüglich, wenn die Energie verpufft ist.[98]
Die Strukturmerkmale des Spuks entsprechen seinem theatralischen Charakter: Die Umgebung soll aufgeweckt werden. Darum bewegen sich mehr
größere, denn kleine Gegenstände. Die Ereignisse haben ein Höchstmaß an
Autonomie. Es passieren immer neue Dinge, damit die Aufmerksamkeit auf
hohem Niveau bleibt.[99] Der Spuk liebt den Ordnungsverlust und das
Anarchische[100] und scheint demnach die Äußerung von unterdrückten Wün-
schen und Trieben zu sein, die von der Selbstzwangapparatur des Menschen in Laufe seiner ›Zivilisierung‹ unterdrückt wurden.[101]
Der Spukforscher William Roll sieht im Spuk eher ein Symptom für patho-
logische zwischenmenschliche Beziehungen, als für gestörte individuelle
Persönlichkeiten.[102] Demnach handelt es sich beim Spuk eher um ein sozia-
les Problem.

## MEDIUMISTISCHE PSYCHOSEN ALS

## EXTERNALISIERTE TEILPERSÖNLICHKEITEN?

Ausgehend von obiger Betrachtung wurde die Theorie der mediumistischen
Psychosen entwickelt.[103] Danach werden infolge des Dissoziationsphäno-
mens allein durch Beschäftigung mit Paranormalem, wie Geisterbeschwörung und Gläserrücken die Aktivitäten der Teilpersönlichkeiten entfesselt.[104] Während man am Anfang noch Geisterstimmen auf Tonbändern
hört, kann sich in der Folgephase das Phänomen verselbstständigen und
man hört die Stimmen auch im Alltag. Damit wird sozusagen ein Geist
geschaffen, den man nicht mehr los wird, ähnlich wie bei Goethes ›Zauber-
lehrling‹.
Es gibt viele Beispiele von Jugendlichen, die erst nach Gläserrücken und
ähnlichen Aktivitäten plötzlich Geistererscheinungen hatten. Der Name der
›Krankheit‹ rührt daher, dass solche aktiven Teilpersönlichkeiten zuerst bei
sogenannten Medien beobachtet wurden. Wenn diese während ihrer Tätigkeit für ihre Klienten Geister anriefen, öffneten sich Türen, wurden
Stimmen und Klopfgeräusche vernommen. Der Ansatz von der Mediumistischen Psychose ist eine Fortführung der Theorie von den ›externalisierten
Teilpersönlichkeiten‹ einer Fokusperson und liefert eine akzeptable Erklärung für den Spuk für all jene, die nicht an Geister bzw. ein Leben nach
dem Tod glauben. Und in der Tat, in bestimmten Fällen mag eine solche
Diagnose durchaus zutreffend sein.
Auf der anderen Seite hingegen werden Bevölkerungsgruppen, die sich
ebenfalls beruflich mit dem Paranormalen beschäftigen, stigmatisiert.
Abgesehen davon, dass es unter hauptberuflichen Medien und Schamanen
jede Menge clevere Geschäftsleute gibt, die sich den Geisterglauben ihrer
Mitmenschen zunutze machen, bedeutet die Konsequenz dieser Theorie

letztenendes, dass alle Menschen, in deren Umfeld Paranormales geschieht psychisch gestört sind und in Behandlung gehören. Damit wäre alles, was nicht in die Sinnwelt von der Diskontinuität des Lebens nach dem Tod hineinpasst, als ›krankhaft‹ und ›abnorm‹ hingestellt, indianische und sibirische Schamanen, die auf jahrtausendealten Traditionen fußen ebenso wie afrikanische und lateinamerikanische Heiler, deren Behandlungserfolge, die Schulmedizin Lügen zu strafen scheinen. Ist eine solche Sichtweise nicht grässlich ignorant? Die Gefahr bei Geisterbeschwörungen einer mediumistischen Psychose zu erliegen ist bei Erwachsenen ungleich höher als bei Jugendlichen. Denn die Worte von Autoritäten, wie Einstein oder Gandhi, die man aus dem Totenreich heranholt, werden für manche zur letzten Wahrheit. Dies kann soweit führen, dass Leute vor jeder Lebensentscheidung erst die Geister fragen. Dabei kann man leicht in ein Abhängigkeitsverhältnis von den Geistern oder dem Medium geraten.[105]

Ausgehend von der Argumentation der Parapsychologie, das Geister auch nur Menschen seien, muss man fragen, ob in den Seancen wirklich Totengeister gerufen werden oder lediglich Teilpersönlichkeiten aus dem Unterbewußtsein zu Wort kommen. Wenn biedere Schulmädchen beim Gläserrücken plötzlich obszöne Antworten bekommen, wenn viele der gerufenen Geister, mehr als destruktiv wirken, Beleidigungen brüllen, zum Selbstmord aufrufen, so dass das Medium immer zuerst fragen muss, ob es denn ein guter Geist sei, so erinnert uns das Szenario eher an unterdrückte Triebe, die sich auf diesem Weg äußern. Dagegen kann man einräumen, dass manche dieser Geister Informationen zum Besten geben, welche die Medien, als auch die Seanchenteilnehmer nicht wissen können, weil kein Anwesender sich auf diesem Wissensgebiet auskennt, angefangen von streng gehüteten persönlichen Informationen bis hin zu längst ausgestorbenen Sprachen. Angedeutet ist hier die grenzenlose Phantasie des Menschen, seine ungeheure Aufnahmefähigkeit für neue Reize, seine Speicherfähigkeit derselben sowie die von Jung postulierte Verknüpfung des Menschen mit einem unpersönlichen kollektiven Unbewussten.[106]

Die wenigsten Geister der Seancen sind Totengeister. Sie verfügen zwar über Informationen, die zum Teil nur dem Verstorbenen zugänglich gewesen sind, aber sie versagen auch, wenn es um spezifisches Wissen und Kenntnisse aus den Berufen geht, welche die Toten im Leben ausgeübt hatten. Schon der große, im 18. Jahrhundert lebende Spiritist Emanuel Swedenborg hatte das erkannt. Als er den Geist eines Altphilologen heraufbeschwor und diesen bat, doch etwas in ›altgriechisch‹ zu rezitieren, verstummte dieser, wahrscheinlich weil keiner der Anwesenden dieser Sprache mächtig war.[107] Allerdings hat er daraus den Schluss gezogen, dass es primitive, unterentwickelte Geister gebe, welche die Geisterbeschwörer mit Profanem langweilen würden.

# FREMDE SEELENANTEILE ALS PSYCHISCHE PARASITEN

Bei der Theorie vom psychischen Parasiten wird das Dissoziationsphänomen auch auf Gedanken, Gefühle und Teilpersönlichkeiten ausgedehnt,[108] die nicht dem Unterbewusstsein des Betroffenen zu entstammen scheinen. Die Patienten haben das Gefühl von einer fremden Persönlichkeit besessen zu sein. Diese werden von ihnen als Totengeister oder lebende Personen identifiziert. Die Betroffenen glauben sich verfolgt, körperlich berührt, hören Stimmen bzw. Befehle. Dies kann soweit gehen, das sie z.B. Dinge einkaufen, die sie ansonsten nie kaufen, zu Orten gedrängt werden, die sie nie besuchen würden. Diese starken charakteristischen Züge des Parasiten lassen auf eine eigenständige Persönlichkeit schließen. Der Schamanismus geht hierbei von verschieden schweren Fremdbesetzungen durch Naturgeister, Seelen von Lebenden bzw. Toten, als auch von deren Seelenanteilen aus. Die Psychiatrie des Schamanismus ist die denkbar einfachste, die wir kennen, weil bei ihr im Grunde nur zwei Diagnosen evident werden: **[1]** Dem Patienten fehlen bestimmte Anteile der eigenen Seele, die durch Traumata u.a. verloren gegangen sind und reintegriert werden wollen. Das ist häufig bei Depressionen der Fall. **[2]** Der Patient hat fremde Seelen oder Seelenanteile in seinen Habitus integriert, von denen er befreit werden muss. Das ist häufig bei Schizophrenie der Fall. Die Parapsychologie hingegen verneint diesen Ansatz vollständig und gibt folgende Sachverhalte als Ursache an: **[1]** Zum Einen kann der Betroffene in einigen Fällen bei der kognitiven Reizverarbeitung das Bild, dass er von einer bestimmten Person hat sowie die bestimmte Person selbst nicht mehr voneinander unterscheiden. Sie wird zur eigenständigen Person im Hirn des Betroffenen. **[2]** Zum Anderen können infolge der Dissoziation Anteile der eigenen Persönlichkeit, mit Anteilen einer anderen Person, mit Phantasiegebilden, ja sogar mit Spielfilmausschnitten, die der Betroffene einmal gesehen hat, vermengt werden. Es entsteht dann so etwas wie eine Romanfigur, die aufgrund einer inneren Dynamik eigenständig handelt und als solche erlebt wird.[109]

## DER ›KLASSISCHE‹ ODER AUCH ›ORTSFESTE‹ SPUK

Im Gegensatz zum Poltergeistphänomen ist der klassische Spuk meistens ortsgebunden. Er tritt mechanisch, oft periodisch auf und unabhängig davon, ob es Zuschauer[110] gibt oder nicht. Dieser Spuk äußert sich im Erscheinen von Gespenstern, Schritten, Stöhnen, Weinen und sonstigen ›Trugbildern‹. Der anarchische Charakter, wie etwa beim Poltergeist, tritt zurück. Eher scheint der Betrachter bei diesem Spuk von der Vergangenheit eingeholt zu werden bzw. nimmt mehr oder weniger starke Emotionen wahr, die an den Ort gebunden scheinen. Der Spukforscher Bozzano nimmt an, dass in 80% der von ihm untersuchten Spukhäuser einstmals Tragödien stattgefunden haben.[111] Oftmals wurden an solchen Orten Spuren früherer Verbrechen entdeckt oder vergrabene Reichtümer gefunden. Eine Fokusperson ist selten auszumachen, zumal ein solcher Spuk teilweise seit Jahrhunderten dieselbe Form wahrt. Für die Betroffenen ist es hier schwer, nicht an die Existenz von Totengeistern zu glauben. Je mehr einer wissenschaftlichen Untersuchung hier Grenzen gesetzt sind, umsomehr nutzen Spiritisten und New-Age-Anhänger diese Grauzonen, um die Existenz von Totengeistern und somit ein Bewusstsein nach dem Tod ›nachzuweisen‹.

## ERKLÄRUNGSTHEORIEN DER PARAPSYCHOLOGIE

Mit dem ortsfesten Spuk tut sich die Wissenschaft sehr schwer. Als Erklärung werden oftmals phantastisch anzumutende Hilfshypothesen herangezogen, nur um nicht einräumen zu müssen, dass es Totengeister geben könnte. Ableugnen kann man den [ortsfesten] Spuk längst nicht mehr.

### Zeitlöcher

Diese Theorie erklärt Spuk, sowohl Zukunfts- als auch Vergangenheitsvisionen mit einer Verschiebung des Raum-Zeit-Kontinuums über so genannte Zeitlöcher, die uns einen kurzen Blick auf andere Zeiten werfen lassen.[112] Somit sind die Geister lediglich eine Spiegelung von lebenden Personen aus der Vergangenheit.[113] Bei dieser Theorie darf man aber nie vergessen, dass die Phantasie des Menschen grenzenlos ist, worauf wir bei der Behandlung der Einwände seitens der Schulpsychiatrie noch einmal eingehen werden.

### Die Erdkrafttheorie

Danach treten paranormale Erscheinungen besonders häufig an Orten auf, wo sich die Kraftlinien der Erdenergie, die sich über den ganzen Globus spannen, schneiden und somit überlagern, ebenso über geopathologischen Verwerfungen, an Punkten also, wo beispielsweise durch Faltungen der Erdkruste, vulkanische Spalten, bzw. Gesteine in ehemaligen Lavakanälen Erdenergie leichter nach oben dringen kann, also anderswo. Besonders Kirchen und heidnische Kultplätze sollen an solchen Orten bevorzugt errichtet worden sein. Da solche ›Energien‹ der Schulwissenschaft nicht zugänglich sind, kann diese Theorie nur anhand statistischer Wahrscheinlichkeiten bewiesen werden. Demnach wurden nicht alle Kirchen an solchen Orten angelegt, zu bestimmten Zeiten jedoch so gut, wie alle.[114] Für die Theorie spricht ferner der Umstand starker statistischer Häufungen von ›unheimlichen‹ Erscheinungen an Orten dieser Kategorie und das bei Betroffenen, die von der örtlichen Überlieferung nicht ›vorbelastet‹ sind.

## Imprägnationstheorie

Hier vermutet man, dass emotional stark besetzte Ereignisse, wie Kämpfe, Morde, Verhungern von Menschen über ein elektrisches Schwingungsfeld an die Materie des Ortes gebunden sind.[115] Kommen nun sensitive Menschen in Berührung damit, kann es zum Abspulen der Ereignisse kommen. Eine intensive Emotion wird als Botschaft über die Zeit hinweg übermittelt. Es scheint als habe das individuelle Unbewusste kurz vor dem eigenen Tod eine dramatische Botschaft ausgesandt. Man interpretiert dies als Hilferuf, manchmal auch als Schuldbekenntnis.[116] Als Beweise für diese These werden u.a. angeführt, dass manche der Orte eine extrem hohe Rate an Selbstmorden und sonstigen mysteriösen Vorfällen aufweisen.[117] Desweiteren hört der Spuk auf, sobald das Gebäude abgetragen wurde. In den Volkssagen spukt es allerdings auch an Orten munter weiter, wo kein Stein mehr auf dem anderen steht.[118] Demnach hat sich der Gedanke an den Spuk und nicht Ort selbst in den Geschichten der Menschen reproduziert. Eine andere Erklärung des klassischen Spuks besteht darin, dass das unbewusste Potential des Menschen das Phänomen aktiviere und ihm Sinn verleihe.[119]

## Mediumistische Psychose beim klassischen Spuk?

Statistisch gesehen, sind weit mehr fokuspersonenorientierte denn ortsfeste Spukfälle festzustellen. Das führt zu folgender Vermutung:
Entweder geht auch der klassische Spuk auf die mediumistische Psychose zurück oder der ortsfeste Spuk wird als solcher weniger erkannt bzw. ignoriert, weil er von unserem positivistisch-rationellen Weltbild noch weniger erfasst werden kann. Wenn dieser Spuk wie bei der mediumistischen Psychose gleichfalls im menschlichen Geist seinen Ursprung hat, dem bekanntermaßen alles möglich ist, bedarf es keiner Totengeister und eine Kontinuität des Lebens existiert nicht. Für Bender spielt die Fokusperson auch beim klassischen Spuk eine Rolle. Er glaubt, diese unabhängige, aus Gedanken und Gefühlen bestehende Teilpersönlichkeit könne auch mehr oder weniger sichtbar umherwandern. Die Theorie nährt sich aus zwei Aspekten:
[1] Ende der 1970er Jahre erregten die Forscher Owen, Sparrow und deren Kollegen mit einem interessanten Experiment Aufsehen:[120] Eine meditative Gruppe erzeugte bewusst einen Geist. Dieser wurde solange mit psychischen Inhalten und Vorstellungen gefüttert, bis er als eigenständige, intelligente Einheit von seiner Umwelt wahrgenommen werden konnte. Man kreierte einen jungen englischen Adeligen aus dem 17. Jahrhundert, der Selbstmord beging, weil seine Geliebte zuvor als Hexe verbrannt worden war. Und in der Tat hörten am Experiment unbeteiligte Personen bald darauf Schritte, nahmen das Klirren von Sporen wahr bzw. sahen eine schemenhafte Gestalt in der Mode jener Ära umherwandeln. Leider wurde

das Experiment bis zum heutigen Tag nicht wiederholt. Es beruht also auf keiner Empirie. [2] Parapsychologen haben immer wieder konstatiert, dass der Spuk mit gespannten zwischenmenschlichen Beziehungen der davon betroffenen Personen, zu tun hat. Meistens verschwand das Phänomen, wenn diese Probleme zur Sprache kamen oder die Fokusperson psychologisch behandelt wurde. So untersuchte der Psychoanalytiker Fodor einmal einen Geist, der in einem englischen Herrenhaus wütete. Dabei ging er gar nicht erst dem Spuk selbst nach, sondern suchte die Ursache in der Familie. Nachdem er enorme psychische Probleme zutage gefördert hatte, die bisher noch nie angesprochen worden waren und die Bewohner sich dessen bewusst wurden, verschwanden auch die Spuk-Erscheinungen, als wären sie nur eine Ablenkung von den Alltagsproblemen gewesen.[121]

## WEITERE GESICHTER DES SPUKS

Dass personeller bzw. ortsfester Spuk bestenfalls nur analytische Klassifizierungsversuche eines schwer greifbaren Phänomens sein können, zeigen jene Mysterien, die nicht in dieses Schema passen, aber dennoch nicht übersehen werden können:

### Familiäre Bindungen

Beinahe jeder hat eine ähnliche Geschichte schon einmal gehört: Eine Familie sitzt am Mittagstisch. Es gibt Sauerbraten und Klöße. Auf einmal tut es einen mächtigen Schlag und die Tischplatte ist gerissen. Später erfährt man: Just zu dieser Zeit verstarb die entfernt wohnende Großmutter.[122]
Zwischen Verwandten ersten und zweiten Grades scheint diese vermutliche Beziehung über den Tod hinaus noch intensiver zu sein: Plötzlich sieht die Mutter den im Urlaub geglaubten Sohn im Zimmer stehen. Es gibt Blickkontakt, der Sohn schreitet durch den Raum und – verschwindet in der Wand. Andere sehen einen Lichtschein im Nebenraum und fühlen intuitiv, dass eine bestimmte Person gestorben ist. Am bekanntesten aber ist die Geschichte von der Wanduhr, die just zur Todeszeit einer geliebten Person stehen geblieben ist. Das Ganze auf Wandermythen zurückzuführen, greift zu kurz. Die meisten Erzähler haben solches entweder selbst erlebt oder aber aus erster Hand gehört. Dieses Phänomen zählt zu den häufigsten Geistererscheinungen überhaupt. Die Parapsychologen können sich das ganze nicht erklären, von den Schulwissenschaften ganz zu schweigen. Den Spiritisten hingegen ist klar: Der durch den Tod verunsicherte Verstorbene sucht zunächst eine vertraute Umgebung.[123] Oder seine letzten Gedanken weilen bei den Lieben daheim und nehmen sozusagen Gestalt an. Es ist kaum zu glauben: 50 Prozent aller Witwen und Witwer geben an, ihren verstorbenen Partner schon einmal gefühlt oder gesehen zu haben.[124] Dabei handelte es sich großenteils um ältere Menschen, die sich in einem

emotionalen Spannungsfeld zwischen Einsamkeit und Sehnsucht nach dem langjährigen Partner befanden. Die Lebensqualität, als auch -quantität der meisten von ihnen hatte sich inzwischen verschlechtert. Das kann die Wahrscheinlichkeit paranormaler Phänomene erhöht haben.

### Psychophonie

In den seelischen Zustand der Psychophonie können Trauernde nach dem Tod eines Angehörigen verfallen. Sie sind emotional schwer angeschlagen[125] bzw. können nicht glauben, dass mit dem Tod alles vorbei sein soll. Dieses Vakuum wird, so die Theorie, mit Gespenstern ausgefüllt, die bekanntlich auch selbst geschaffen werden können. Das haben wir im Vorfeld gesehen. Auch streng gläubige Menschen sind vor Psychophonie nicht gefeit, ganz im Gegenteil: Die Religion interpretiert Leben und Tod auf ihre eigene Weise und tröstet mit dem Hinweis auf eine Ewigkeit, die sich nur dem öffnet, der den Glaubensgrundsätzen gehorcht. Der Gläubige hält die Konditionen seiner Religion für den göttlichen Willen und legt sich zahlreiche Einschränkungen auf, um diesen Willen befolgen zu können und so die ersehnte Sicherheit zu finden.[126] Manche Gläubige gehen sogar davon aus, je strenger sie körperliche und geistige Entsagung übten, umso höher müsse der Lohn dafür im Paradiese sein.[127] Kommt dann dagegen irgendwann zum Glaubensverlust und die Frage nach einem Leben nach dem Tod bleibt am Ende unbeantwortet, müssen die Betroffenen zugeben: Sie haben ihr Leben auf eine falsche Grundlage gestellt. Die Wenigsten gestehen sich jedoch ein, dass sie falsch gelebt haben. Um diesen Widerspruch zu verdecken, werden Geister geschaffen, um sich selbst und natürlich den Mitmenschen zu zeigen, dass der eigene Lebensweg doch der Richtige gewesen ist.[128]

Unseren Erachtens ist die Psychophonie der fundamentalste Angriff gegen das sogenannte ›Leben nach dem Tod‹. Vollständig widerlegen hingegen kann kann sie die posthume Existenz der Seele dagegen nicht. Sie ist und bleibt eine Theorie, auch wenn sie uns noch so plausibel erscheinen mag. Wir sollten uns dabei vor Augen halten: Für die der fernöstlichen Philosophie entspringenden Ansätze ›Karma‹ und ›Wiedergeburt‹ sowie für den Glauben an Gott ist der kritische Rationalismus nicht mehr als eine Sichtweise unter vielen und kaum mehr als eine materielle Beschreibung der physisch erfahrbaren Welt. Der kritische Rationalismus hingegen, der alles Nichtbeweisbare rigoros als ›nicht existent‹ ablehnt, wäre mit nur einer einzigen Widerlegung einer seiner Theorien am Ende und könnte nicht weiter bestehen.

»Leute, die einem mit dem Einwand kommen, man könne doch nicht an zwei Stellen gleichzeitig sein, sollten sich einmal mit dem seltsamen Fall der Mademoiselle Sagèe beschäftigen.« Im Jahre 1845 war sie an einem Mädchenpensionat in Livland tätig. Bald fiel es auf, dass es allem Anschein nach zwei Personen gleichen Namens gab. Eines Tages, als die Mädchen mit Handarbeiten beschäftigt waren, sahen sie Mademoiselle Sagèe im Garten Blumen pflücken. »Als ihre Handarbeitslehrerin schließlich den Raum verließ, saß plötzlich Mademoiselle Sagèe auf dem Stuhl, von dem sich ihre Kollegin soeben erhoben hatte. Gleichzeitig pflückte sie aber draußen weiter Blumen. Einige mutige Schülerinnen gingen zu der Gestalt hinüber und berührten diese. Wie sie später aussagten, habe sie sich wie leichtes Gewebe angefühlt; sei aber nicht aus dem Stuhl gewichen.«[129] Als sie schließlich von der Schulleitung zur Rede gestellt wurde, gab sie zu, mit Hilfe ihrer Willenskraft ein Abbild von sich selbst in den Raum projizieren zu können, was bei der Aufrechterhaltung der Disziplin von großem Nutzen sei, zumal man die Klasse im Auge behalten könne, selbst wenn man ihr den Rücken zukehre.

Doppelgängerei ist zwar keine Geistererscheinung an sich, dennoch lässt sich daran gut belegen, welche unterschiedlichen Bedeutungen Parapsychologen und Naturwissenschaftler dem Phänomen beimessen: Wenn eine Person an zwei oder mehreren Orten gleichzeitig gesehen wird, spricht man von Doppelgängerei.[130] Selbst Johann Wolfgang von Goethe hatte mehrere Doppelgängererlebnisse, ebenso wurde dem italienischen ›Volksheiligen‹ Pater Pio dieses ›Wunder‹ zugeschrieben.

Menschen treffen unverhofft mit ihrem Ebenbild zusammen. Manche unterhalten sich mit ihm. Anderen dagegen ist aufgefallen, dass die Mimik des ›Gegenüber‹ zu einem hämischen Grinsen erstarrt war, und nicht der eigenen Natur entsprach. Es schien, als sei man seinem Gegenteil, gewissermaßen seinem ›negativen‹ Zwilling begegnet.

[1] Neuropsychologisch wird das Phänomen folgendermaßen erklärt: Die Gehirnregion, welche das ME [Mich] steuert, setzt kurzzeitig aus und man sieht nur noch sich selbst, ähnlich wie in dem Film ›Beeing John Malkovic‹. Nach diesem Schema psychologisiert die Schulwissenschaft alle paranormalen Erscheinungen einfach weg. Doch können wir alles, was nicht in unser Bild passt, mit neurologischen Defiziten erklären?

[2] Nach fernöstlichen Glauben scheinen besonders medial begabte bzw. spirituell fortgeschrittene Personen den Zustand der Doppelgängerei bewusst hervorrufen zu können. Indische Heilige, wie Lahiri Mahasaya, Sri Yuktesvar oder auch Sai Baba wurden zur gleichen Zeit an verschiedenen Orten gesehen.[131] Der Forscher Driesch glaubt, dies wäre mit der Ausbildung einer sichtbaren Teilpersönlichkeit möglich, die dem betreffenden

Menschen aufs Haar gleicht. Der Astralleib bzw. der Astralleib der Teilpersönlichkeit könne sich mit Hilfe der Chakras optisch so verdichten, dass er als astrales Double sichtbar würde. Damit könnten auch Spukerscheinungen erklärt werden. Die Theorie vermengt also Erkenntnisse der Parapsychologie mit der fernöstlichen Lehre von den Chakren.

Dass der Geist, die Seele, der Astralkörper, wie man es nennen will, dem physischem Leib des Menschen manchmal ein wenig voraus sein kann und darum als Doppelgänger wahrgenommen wird, zeigt diese Geschichte:

Ein ›Morgenmuffel‹ wurde von seiner Frau im Bad angetroffen, lag aber tatsächlich noch im Bett. Er erklärte diesen Umstand später so, dass er im Halbschlaf mental nachvollzogen habe, aufzustehen und ins Bad zu gehen, am Ende aber doch wieder eingeschlafen sei. Die Volkssagen des Voigtlandes berichten oft von Menschen, die ›immer einen kleinen Spuk‹ um sich hatten, der sich wie eine Schleppe durch ihr ganzes Leben zog, so dass sie gleichzeitig auf mehreren Hochzeiten tanzten. Wir erinnern hier an die eingangs erwähnten Fälle des Langenberger Dachdeckers Zimmermann und des Meilitzer Gutsbesitzers von Koppy.

In alten Geschichten – so muss man wissen – steckt immer ein Körnchen Wahrheit. Und die Wissenschaft verzweifelt daran: Parapsychologie und Neuropsychologie gehen das Phänomen ausschließlich mit den Erklärungsmustern ihrer eigenen Zunft an. Indem man im neuronalen Geweben Hinweise darauf gefunden hat, dass ein bestimmter Geisteszustand scheinbar nur durch den Ausschluss oder die Fehlfunktion bestimmter Hirnpartien hervorgerufen wird, gelten alle damit verbundenen Phänomene als nicht existent und das Weltbild ist wieder in den Fugen.[132]

## GIBT ES EIN LEBEN NACH DEM TOD?

Nach dieser funktionalistischen Ansicht also, ist eine Kontinuität des Lebens über den Tod hinaus undenkbar. Napoleon Bonaparte hat einmal sinngemäß gesagt, Religion sei einzig darum erfunden worden, um die Armen davon abzuhalten, die Reichen umzubringen. Für jemanden, wie ihn, der so viele Menschenleben auf dem Gewissen hat, wäre es mit Sicherheit zu unbequem gewesen, über die Konsequenzen seiner Handlungen nachzudenken. Der Glaube an eine Diskontinuität des Lebens, an den Tod als Ende aller Dinge macht zwar nicht glücklich, beruhigt aber manchmal.

## DAS KOLLEKTIVE UNBEWUßTE

Die Parapsychologie geht davon aus, dass es keine Totengeister gibt. Die Theorie der mediumistischen Psychose erklärt jedoch nicht, warum Medien bei Seancen Dinge wissen, die weder aus dem Bewusstsein, noch dem

Unterbewusstsein, der beteiligten Personen zu stammen scheinen. Ebenso ist unklar, warum sich manche Leute an ein vergangenes Leben erinnern können und Einzelheiten wissen, die sie eben nicht unbewusst ›aufgeschnappt‹ haben können. Für die Spiritisten ist klar, der Mensch kann diese Phänomene mit seiner ›beschränkten‹ Leistungsfähigkeit nicht hervorrufen. Also müssen Geister, bzw. Erinnerungen an vergangene Leben dafür verantwortlich sein. Die Parapsychologen, die für die Wirkung des Geists auf die Materie[133] eine bisher unbekannte Naturkraft annehmen, sehen die schier grenzenlose Leistungsfähigkeit des menschlichen Geistes als Ursache paranormaler Phänomene an.

Die paranormale Wissensübertragung hat demnach auch mit Systemen zutun, die vom Menschen ausgehen. So hat man sich bereits in den 1930er Jahren Carl Gustavs Jungs Theorie zu Eigen gemacht, wonach es ein überpersönliches Seelenfeld, das Kollektive Unbewusste gebe, in welchem alle menschlichen Erfahrungen seit Anbeginn der Menschheitsgeschichte gespeichert seien. Dieses Feld präge als lebendiges Reaktions- und Bereitschaftssystem das menschliche Leben entscheidend.[134] Wird nun dieses Seelenfeld erregt, findet die paranormale Wissensübertragung statt.[135] Der Spukforscher Parese sieht im Spuk sogar einen Beweis dafür, dass es ein solches ›Archiv der Vergangenheit‹ tatsächlich gibt.[136] Anders kann er sich den ortsfesten Spuk nicht erklären. Und anders kann die Parapsychologie die meisten paranormalen Phänomene nicht erklären.

# REBIRTHING (WIEDERGEBURT)

Das wohl wichtigste Charakterisma der hinduistischen bzw. der buddhistischen Religion ist der Glaube an das schier unendliche Rad von Tod und Wiedergeburt, an einen Zyklus also, den jedes Lebewesen in der materiellen Welt zu durchlaufen hat, bis der Zeitpunkt seiner Befreiung davon, die Rückkehr zu Gott, bzw. das Eingehen ins große Nichts [Nirvana] gekommen ist. In den apokryphen Schriften gibt es Hinweise darauf, das auch die frühen Christen noch an eine Wiedergeburt geglaubt haben, ganz im Gegensatz zu den christlichen Dogmen der Gegenwart, die ein demzufolge bruchstückhafteres Bild von Sünde, Schuld und Erlösung an den Mann bzw. an die Frau zu bringen suchen. Eine der Hauptquellen dieser geistigen Richtung, die altindischen Veden sind neueren Datierungen zum Trotz in der Tat uralt.[137] Sie zeichnen das Gesetz des Karma, nach dem jedes Lebewesen solange wiedergeboren werden muss, bis alle Folgen seiner Handlungen gute, wie schlechte negiert sind, was freilich sehr schwierig ist, weil jedes Handeln ansich unkalkulierbare Folgen insich birgt.

Während viele vornehmlich protestantische Christen angesichts der Ungerechtigkeiten auf der Welt zunehmend den Glauben an den Lieben Gott verlieren, sehen die gläubigen Menschen in der asiatischen Welt die Dinge gelassener. Für Sie gibt es keine Ungerechtigkeit, die nicht irgendwann gesühnt werden wird. Unglück und Krankheit, Krieg und Not sind für sie unausweichliche Reaktionen vergangener Handlungen derer, denen dieses Leid im Moment widerfährt. Das ist der Grund, warum die östlichen Religionen in manchen Teilen ethisch gehaltvoller erscheinen als das Christentum. Doch abgesehen von diesem geistigen Hintergrund bedarf es für uns ›Westler‹ nachvollziehbare Beweise für die Wiedergeburt, die ja ein Leben nach dem Tod par excellence ist.

## WER ODER WAS IST DIE SEELE?

Ein zentrales Problem besteht darin, dass Psychologen, Spiritisten und Religiöse völlig verschiedene Auffassungen in Bezug auf das Wesen der Seele haben und somit selbst Gefahr laufen, Opfer ihrer Befangenheit zu werden. Während letztere in der Seele eine feinstoffliche Lebensart erkennen, die nach dem Tod weiterlebt, sehen die Psychologen in der Seele, je nach ihrer Fachrichtung entweder ein Konstrukt aus messbaren Reaktionsmustern auf innere und äußere Reize oder elektro-chemische Reaktionen von neuronalen, hormonalen Strukturen.[138]

Das tiefgreifendste Sinnsystem für alles was mit Seele, Gott und Universum zusammenhängt birgt die vedischen Philosophie des alten Indien: Danach ist die Seele mehr als eine feinstoffliche Lebensform. Sie ist ein Teil Gottes und somit transzendental, also nicht von dieser Welt, genauer gesagt, nicht einmal von diesem Universum. Nach dem Srimad Bhagavatam, einer aus 80.000 [!] Doppelversen bestehenden vedischen Schrift über das Wirken Gottes [Višnu] entfaltet sich das Gros der göttlichen Energie jenseits von Raum und Zeit. Diese Energie ist bei weitem nicht unpersönlich. Ein Planetensystem namens ›Vaikuntha‹, welches außerhalb des Universums liegt, galt den alten Indern als eigentliche Heimat Gottes und der Seelen. Von diesen Planeten geht das Brahman oder Prana aus, das gleißende Licht, welches die materielle Welt, ja die Schöpfung überhaupt, mit Energie versorgt. Die Höchste Persönlichkeit Gottes verkörpert sich zu Zeiten als Maha-Višnu, der auf dem Ozean der Ursachen im Tiefschlaf liegt. Während er ausatmet, dringen aus den Poren seines Körpers, ähnlich wie Seifenblasen, unzählige Universen hervor und vergehen, wenn er wieder einatmet. Demnach sind wir alle nur ein Traum Gottes; die negativen Anteile des Lieben Gottes sind demnach unbewusst als ›Böses‹ in unsere Welt verdrängt. Jene Teile des Göttlichen, welche ihren Ursprung vergessen und sozusagen ein Ego entwickelt haben, fallen von der göttlichen in die materielle Welt hinein und müssen in einer langen Seelenwanderung eine

Art Evolution, von Stein zum Menschen durchmachen, in der sie erfahren, das jede Art persönlich erlebter Freude am Ende auch Leid gebiert.

Das geschieht solange, bis die Seelen desillusioniert genug sind und eines Tages nach vielen, vielen Erdenleben den Wunsch entwickeln, wieder nach Hause zu Gott zurückzukehren. Ein Geist ist nach den Veden also eine Seele, die ihren physischen Körper verloren hat, aber aus irgend einem Grund in dieser Dimension verblieben ist. Sie betet zu Šiva, dem Herrn der materiellen Welt, der gleichzeitig ununterbrochen in göttlicher Meditation verankert ist, um einen neuen Körper. Die anderen Seelen erfahren dagegen je nach ihren guten oder bösen Taten eine Wiedergeburt auf diesem Planeten, auf einem Planeten der sieben himmlischen Dimensionen, wie beispielsweise der Astralwelt oder auf einem ›höllischen‹ Planeten. Auf der höher bzw. niedriger schwingenden Ebene verbleibt die Seele dann solange, bis ihre ›fruchtbringenden‹ Taten negiert sind, dann fällt sie zurück in unsere Dimension und erfährt eine Wiedergeburt. Die Veden werfen auch ein bezeichnendes Licht, auf jene Wesen, die sich sonst noch in der animistischen, bzw. christlichen Geisterwelt tummeln wie Feen, Engel oder böse Geister. Alle Lebensformen zählen je nach ihren derzeitigen Erkenntnisstand zu den Halbgöttern [Devas → die Leuchtenden] oder zu den Dämonen [Asuras → die von der Sonne abgewandten, sprich: ›Egoisten‹]. Die Bewohner der höheren bzw. niedrigeren Dimensionen sind also auch nur Menschen, allerdings mit erweiterten Fähigkeiten, womit sie mehr oder weniger aktiv in unsere Geschicke eingreifen können.[139]

## SEELENRÜCKFÜHRUNGEN

Hier sei auf die Forschungen von Harald Wiesendanger verwiesen, der versucht hat, das Pro und das Contra der Wiedergeburt empirisch abzuwägen.[140] Die Basis seiner Untersuchungen bildeten gezielt gesteuerte ›Seelenrückführungen‹ [wie sie heute von ›Schamanen‹, Kinesiologen und Hypnotiseuren zur Behebung pränataler Traumata vollzogen werden], aber auch ›Erinnerungen‹, Trance-Erlebnisse und Wachträume von Patienten. Die Auswertung der Fallgruppen sind verschieden, je nachdem auf welcher Basis die Rückführung stattgefunden hat:

[1] Einerseits wurden viele so genannte Vorleben von der betroffenen Person teilweise aus Spielfilmen oder historischen Romanen unbewusst rekonstruiert. Die dabei benutzten Fremdsprachen waren zumeist, irgendwo aufgeschnappt worden.[141] Unter den Fällen gab es viele Caesars, viele Ludwigs XIV. und Marie Antoinette's bzw. deren Mätressen und Geliebte, aber nur wenige einfache Menschen.[142] [2] Dagegen lieferten andere Versuchsreihen schwer widerlegbare Ergebnisse: Dort beschrieben die Probanten Gebäude, die sie nicht gesehen haben können, weil die Archäologie

deren Grundmauern zu dieser Zeit noch gar nicht entdeckt hatte. Sie deckten Zusammenhänge auf, die sich beispielsweise anhand alter Kirchenbücher mühelos verifizieren ließen bzw. redeten in Sprachen, die heute nicht mehr gesprochen werden. [3] Auch gewisse demographische Vergleiche machen Staunen, da sich die Bevölkerungsentwicklung und -verteilung bestimmter Epochen und Kulturen in den Statistiken der Berichte widerspiegeln. Parallel dazu wollen die meisten der Betroffenen ein >einfaches< Vorleben geführt haben.

## NAHTOD-ERLEBNISSE

Bei der Fragestellung bezüglich der Kontinuität des Lebens kommen wir an der Problematik der Nahtod-Erlebnisse nicht vorbei.

Das Forscherehepaar Tausch hat über 2.000 Menschen, die klinisch bereits tot waren und wieder erwacht sind, untersucht. Nach genauer Sondierung blieben etwa 250 Personen übrig, deren Angaben über sogenannte >Nahtod<-Erlebnisse wahrscheinlich waren. Der Fallvergleich ergab viele Gemeinsamkeiten: So erinnerten sich Betroffenen beispielsweise geschwebt zu sein und Dinge in der näheren, aber auch weiteren Umgebung wahrgenommen zu haben. An Gespräche der Rettungssanitäter wurde sich ebenso erinnert, wie an die gerade zu dieser Zeit stattfindende Examensprüfung in einem Geschoß über dem Operationssaal, wobei sich die gemachten Angaben im Nachhinein verifizierten.

Gesehen hatten alle Betroffenen ein gleißenden Licht,[143] von dem sie sich erfüllt wähnten. Auch fühlten sie einen tiefen Frieden und empfanden eine mehr oder minder große Befreiung, wohl aus Fängen des Alltags. Es war als habe sich das I sich vom Me[144] getrennt. Sie übersahen ihr Leben von einer höheren Warte aus, sondierten die >wirklich< wichtigen Momente.[145] Auch war es oft der [Nah]Tote selbst, der mittels einer Rückschau Gericht über sein Leben hielt. Einstmals verfochtene Ideologien, gesellschaftliche Erfolge, selbst ein mit Leidenschaft ausgeübter Beruf traten in ihrer Bedeutung zurück. Was zählte, waren lediglich Beziehungen zu anderen Menschen und wie sie sich ihnen gegenüber verhalten hatten.[146] Der schwedische Spiritist Emanuel Swedenborg wusste bereits im 18. Jahrhundert: >Die Seele schafft ihren Himmel und ihre Hölle selbst.<[147] Diese Erlebnisse, ob wahr nicht, bewirkten in der Regel tiefgreifende Veränderungen in der Lebensführung der Wiedererwachten und manche von ihnen wurde in der Tat vom Saulus zum Paulus. Die empirischen Befunde der Nahtod-Forschung sind nicht von der Hand zu weisen. Sie scheinen zu belegen, dass der Mensch offenbar über ein Bewusstsein nach dem Tod verfügt. Doch beweist dies kein Wirken Verstorbener in ihrem ehemaligen Lebensumfeld.

# Wo befindet sich denn das ›Reich der Toten‹?

Emanuel Swedenbourg war der Überzeugung, die Seele sei in einer Art transzendentalem Bereich, dem sogenannten ›Swedenborgischen Raum‹ gewissermaßen ›geparkt‹ und verharre in einem Zustand der Teilnahmslosigkeit, sei es bis zur Wiedergeburt oder bis zum ›Jüngsten Gericht‹.

Mythologische Überlieferungen berichten von einem Totenreich als eine Art ›Zwischenstation‹ der Verstorbenen, in dem es je nach der Mentalität der betreffenden Kultur langweilig oder lustig zuging. Da gab es den schattigen, muffigen ›Hades‹ der alten Griechen, die dunkle Nebelwelt Hel [die Hölle hat ihren Namen davon], das Wallhallischen Dauergezeche bei den Wikingern und die parallelen Dimensionen der ›Anderswelt‹ bei der Kelten. In den Jenseitsvorstellungen einiger heute noch existierender Naturvölker, gehen die Verstorbenen dort vornehmlich einem Leben nach, das nicht unähnlich ihrem vergangenen ist. Die Argumentation theosophischer Forscher geht in eine ähnliche Richtung. Der Mensch, so lehren sie, lebt zur selben Zeit in gleich 3 und mehr verschiedenen Dimensionen. Neben seiner physischen Präsenz auf dieser Erde ist er zugleich in der astralen, als auch in der mentalen Welt personell vertreten. Während sein Bewusstsein tagsüber größtenteils auf der physischen Ebene weile, erhebe es sich im Schlaf auf die Astralebene. Demnach sind unsere Träume keine Schäume, sondern reale Begebenheiten in einer Welt, wo jeder Gedanke sofort Gestalt annimmt, im Guten, wie im Schlechten. Ist der Körper schließlich in den Tiefschlaf verfallen, verlagert sich das Bewußtsein der Seele auf die mentale Ebene. Sie schöpft Lebenskraft für den folgenden Tag und lebt in einer Art Gefühlswelt. Nach dieser Auffassung ist ein Geist bzw. ein Gespenst letztenendes ein Verstorbener, dessen physische Basis verloren ist, der aber bis zu seiner Wiedergeburt astral bzw. mental weiterexistieren kann.

## Die Lebenden und die Toten

Wenn dem so sein sollte, inwieweit beeinflussen die Geister dann die Lebenden und warum? Vielleicht wurde der Tote im Auftrag einer höheren Macht in die physische Welt gesandt, um als Schutzengel zu fungieren?

Viele Volkssagen geben als Grund für sogenannte Wiedergängerei an, dass dem Verstorbenen eines oder mehrere Dinge unerledigt geblieben seien, beispielsweise das Heben seiner vergrabenen Reichtümer oder die Wiedergutmachung einer zu Lebzeiten begangenen Untat.

Ernährt sich der Tote gar von der Kraft der Lebenden wie es alte Geschichten vom ›Vampirismus‹ oder dem Nachholen von Verwandten ins Grab überliefern? Die Theosophen glauben, dass beispielsweise der verstorbene Trunkenbold in der Zwischenwelt seine Sucht nicht mehr befriedigen könne. Seinem ungehemmten Verlangen suche der Geist dadurch Herr zu werden, indem er in die schwache Aura labiler Personen eindringe und diese zum Trinken animiere.

Das ist eine Theorie, die nicht wirklich zu widerlegen. Denn wer kann schon methodisch in solche Bereiche vordringen? Wir erinnern hier an die eingangs zitierte Feststellung der Schulwissenschaft, dass der Mensch, sei es, aus Angst vor dem Tod oder aus sonst einem mental stark bewegenden Grund, zumindest im Geiste, seine eigene Welt bis ins Detail hinein selbst zu erschaffen vermag. Seiner Phantasie sind dabei, wie wir wissen, keine Grenzen gesetzt sind.

Abschließend zum Thema ›Nahtod‹ ist zu erwähnen, dass der Hinübergleitende und später wieder zurückgeholte nie über einen gewissen Punkt hinaus gelangt. Wenn er überhaupt soweit kommt, sieht er gleißendes Licht und ein verstorbener Verwandter oder ein Engel kommt herbei und bedeutet ihm, dass er wieder ins Leben zurückkehren muss. Dem kommt die ›Seele‹ in den meisten Fällen nur widerwillig nach. Streng gesehen beweisen Nahtod-Erlebnisse lediglich, dass das Bewusstsein des Verschiedenen nach dem Stillstand aller physischen Lebensfunktionen nicht abrupt abbricht, sondern gewissermaßen Flügel bekommt, aber mitnichten das die Geister der Toten auf Erden aktiv werden können. Auch unsere Großeltern scheinen sich dessen bewusst gewesen zu sein, wenn sie ihren Enkeln lehrten, dass noch niemand aus dem Totenreich zurückgekehrt sei. Dem könnte der Buddhist lediglich entgegnen: ›Zumindest nicht in dieser Form!‹

## DIE BEDEUTUNG DES SPUKS

### IN DEN VERSCHIEDENEN SINNSYSTEMEN

In diesem Kapitel wollen wir untersuchen, vor welchem geistigen Hintergrund Naturwissenschaftler, Parapsychologen, Esoteriker und religiöse Menschen paranormale Ereignisse bewerten und zu welchen Ergebnissen sie hinsichtlich einer Kontinuität oder Diskontinuität des Lebens kommen.

Grundsätzlich gilt zu bedenken: Der Rationalismus ist gegenwärtige das Hauptfundament unseres gesellschaftlichen Wertekonsens und ihr bedeutendster Träger die Meinungsmache der Naturwissenschaft geht nun einmal von der Nichtexistenz paranormalen Phänomene aus. Dieses Dogma gipfelt in den Kernthesen: ›Die Welt besteht allein aus Materie! Mit dem Tod ist alles vorbei und damit basta? Wäre dem nicht so, müsste man ja zugeben sich geirrt zu haben. Die Gesetze der Physik würden nur begrenzt gelten, Eins und Eins wäre nicht zwangsläufig mehr Zwei. Müßte man einräumen, das Materielle sei nur schnöder Schein und der Mensch könne eines Tages für wirklich alle seine Taten zur Rechenschaft gezogen werden, ist es freilich einfacher, diese andere Variante weit von sich weg-zuschieben, denn vielleicht abgesehen von einer dunklen Ahnung, kann man diese Ebene nicht berühren. Demnach kann sie nicht real sein.

## KONKURRENZ VON SINNERZEUGENDEN SYSTEMEN

Parapsychologen, Esoteriker und Christen glauben zwar an die Realität des Spuks, bewerten diesen aber unterschiedlich. Erstere sehen lebende Men-schen als Ursache der Phänomene. Damit nähern sie sich der Position der Naturwissenschaft an, von welcher sie als gleichberechtigter Wissen-schaftszweig nur allzugern anerkannt werden würde.

Für Christen und Esoteriker dagegen beweist der Spuk die Existenz von Totengeistern und damit ein Leben nach dem Tod. ›Wo käme man denn hin, wenn nach dem Leben tatsächlich alles zu Ende wäre.

Da wurde gebetet und gefastet, da wurden die Genüsse des Lebens ver-neint und alles für nichts? Was hätte in dieser Zeit alles erlebt werden können. Auch darf es nicht sein, dass die Ungerechtigkeiten in der Welt alle ungesühnt bleiben und die Momente des Lebens in der Zeit vergehen, wie Tränen im Regen. Es muss also ein Leben nach dem Tod geben, auf jeden Fall!‹ Geht man dagegen nüchterner an die Sache heran, können folgende emotional gespeiste Spannungsfelder konstatiert werden zwischen:

- Naturwissenschaften und Parapsychologie,
- Naturwissenschaften und Esoterik bzw. Religion, aber auch
- Parapsychologie und Religion und nicht zuletzt
- Religion und Esoterik

Hier geht es um die Konkurrenz von sinnerzeugenden Systemen.

Die ›orthodoxe‹ Schulwissenschaft kann mit dem Eingeständnis einer Wirk-lichkeit jenseits von ›Messen und Wiegen‹[148] nicht existieren, ebensowenig die Religion ohne den Glauben an ein Leben nach dem Tod. Die Religion könnte eine Bereicherung erfahren, wenn das Instrumentarium der Natur-wissenschaften in den Dienst einer Suche nach Gott gestellt würde. Ebenso würde der Radius der Naturwissenschaften mit der Integration ›esote-rischen‹ Gedankengutes bedeutend erweitert werden. Dass diese Bereiche wissenschaftlich erforscht werden können, beweisen nicht zuletzt Grenz-wissenschaften wie die Parapsychologie. Doch die Fronten sind festge-fahren. Die Etablierten nutzen ihr gesamtes Potential, um die Außenseiter ›außen‹ zu halten.[149] Wie gewöhnlich geht es um Herrschaft, Einfluss-sphären und Geld. Wie können kirchliche Institutionen ihre Mitglieder besser dizipilinieren, als mit der Limitierung von Seelenheil? Wie will man Menschen regieren, die mehr für den Glauben und weniger für Geld handeln? Sie würden schwerer berechenbar sein. Und nicht zuletzt: Wie könnten die Großen dieser Welt, deren Machtbasis allein auf dem Monopol über die Vergabe von Lebensnotwendigem beruht, weiter auf großem Fuß leben, wenn alternative Techniken jedermann zur Verfügung ständen? Die ›Wissenschaft‹ hat mittlerweile soviel Wissen geschaffen, dass der Alltag des Einzelnen kaum noch ohne Hilfe von ›Experten‹ geregelt werden kann. Neue ›Erkenntnisse‹ liefern am Ende nur noch finanzlastige Forschungseinrichtungen. Sie kommen zunächst jenen zugute, die es sich leisten können. Darum gilt auch für unseren Bereich weiterhin: ›Wenn ein Geist erscheint, dann existiert er für alle, die an Geister glauben. Aber zur gleichen Zeit ruft er bei all jenen Zweifel hervor, die an solchen Erscheinungen zweifeln.‹[150]

## WARUM LEUGNET DIE ETABLIERTE WISSENSCHAFT DIE PHÄNOMENE?

Die Schulwissenschaft geht von der Diskontinuität des Lebens aus. Ein Leben nach dem Tod kann nicht bewiesen werden und widerspricht dem rationalistisch-materialistischen Weltbild sowieso. Man sieht in der Beschäftigung mit dem Übersinnlichen die geistige Ordnung sowie die eigene symbolische Sinnwelt gefährdet.

Wenn etwa die seitens von Parapsychologie und Esoterilk postulierte ›feinstoffliche‹ Energie wirklich nachgewiesen werden könnte, müssten viele Physiker einräumen, dass sie sich bisher nur mit der Wirkung nicht mit der Ursache der physikalischen Kräfte beschäftigt haben.[151]

Wenn die Schulmedizin zugeben müsste, dass für die Verbindung der Körperzellen miteinander nicht nur Blutkreislauf, Lymphe und Hormone verantwortlich sind, sondern hauptsächlich eine Art Zellstrahlung, müsste ein ganzes Wissenschaftssystem vollkommen modifiziert werden. Mancher Chefarztposten, manche C-Professur würde dann wohl geräumt. Einst gefeierte wissenschaftliche Veröffentlichungen müssten aus den Regalen der Bibliotheken entfernt und in die Kellermagazine verbannt werden. Nicht ohne Grund fürchtet man sich vor konkurrierenden Wissenschaftssystemen, ignoriert diese und grenzt sich von ihnen ab. Dabei kommen alle Mechanismen zur Anwendung, mit denen sich Etablierte gegenüber den ›Aufsteigern‹ aus der Parapsychologie zur Wehr setzen können, wie die volle Ausnutzung ihrer überlegenen lokativen und allokativen Ressourcen,[152] sowie des höheren Organisationsgrades jener Zunft. Besonders dem ›Klatschphänomen‹ kommt dabei höchste Bedeutung zu. Informationen über die anderen werden verzerrt wiedergegeben: Wird zu Zeiten ein paranormales Phänomen bewiesen, wird dem weniger Öffentlichkeitswirkung zugestanden, als wenn Parapsychologen einmal ›Betrügern‹ aufgesessen sind. Dann wird gleich der gesamte Wissenschaftsbereich in ein schlechtes Licht gerückt. Bis in die 1950er Jahre hinein hatte es genügt, die Parapsychologie einfach zu ignorieren. Das mittlerweile teilweise recht kräftige Pamphlete gegen den ›parawissenschaftlichen Irrglauben‹ geschrieben werden müssen, zeigt das die neue Wissenschaft enorm an Bedeutung gewonnen hat.[153]

Wenn sich beispielsweise ein Nichtphysiker von einem Physiker einen Sachverhalt erklären lässt, wird er dem Wissenschaftler in den wenigsten Fällen widersprechen, weil er einräumen muss, dass es der Physiker besser versteht. Jedoch erregt sich derselbe Mensch sofort, wenn ihm ein Psychiater erzählen will, jene paranormale Beobachtung, die er gemacht haben will, sei nicht real gewesen. Der ›Schulpsychiatrie‹ wird gemeinhin vorgeworfen, die Patienten in dieser Sache nicht ernst zu nehmen.

Das verdeutlicht folgernder Bericht: Eine Frau hört in ihrem Herd Stimmen. Sie sucht einen Psychiater auf. Aus irgendeinen Grund geht dieser aber nicht auf sie ein, sondern greift sogleich zum Rezeptblock und verschreibt ihr Psychopharmaka. Doch die Stimmen bleiben. Der Arzt überlegt, die Dosis zu erhöhen. Ein klinischer Aufenthalt zur Einstellung auf die neuen Medikamente ist geplant. Vorher werden aber Parapsychologen konsultiert. Sie untersuchen den Herd und geben Entwarnung: Infolge der elektrischen Spannung an den Kochplatten war eine Art Transistorradio entstanden, das diese Stimmen hervorgerufen hatte.

Wieder wurde der Psychiatrie eindimensionales Denken bewiesen, mit dem sie in der Diagnose gescheitert ist. Doch welcher Psychiater kann es sich in Zeiten – wo psychische Erkrankungen zu einem wahren Volksleiden geworden sind – erlauben, Hausbesuche bei Patienten zu machen? Es mag zwar Psychiater geben, die zunächst das Ohr und erst dann den Rezeptblock aktivieren. Die Regel ist das nicht.

Der Psychiater hat gute Gründe gegenüber paranormalen Phänomenen kritisch zu sein. Es gibt es gegenüber Spukerscheinungen drei große Beobachtungsfehler: [1] Furcht, [2] Schrecken, [3] Befangenheit.

[1] Furcht bedeutet, in stetiger Erwartung zu sein, dass etwas bestimmtes eintrifft, von dem man bereits eine bestimmte Vorstellung hat und schon überlegt, wie man der vermuteten Gefahr entgegenwirken will. Es wird sich bereits im Voraus jenes Bild ausgemalt, mit dem später das real Gesehene übertüncht werden kann. Eine übertriebene Schilderung des Gesehenen wird dann wahrscheinlich. [2] Schrecken dagegen scheint weniger die Beobachtung zu verfälschen, als eine solche gänzlich unmöglich zu machen, indem zunächst der ganze Organismus gelähmt wird. Der Verstand steht still. Man sieht nur einen losen Umriss von Dingen. Selbst Größenverhältnisse können nicht wirklich bestimmt werden.[154] [3] Bei Befangenheit, sieht man das, was man sehen will. Dabei kann sich die Beobachtung mit

der Erwartung mischen und man übersieht alles, was nicht der vorge-fassten Meinung entspricht.[155]

Beim Thema ›Soziologische Zugänge zum Spuk‹ werden wir noch einmal darauf zurückkommen. Ferner kann die Erinnerung in dem Zeitraum zwischen Beobachtung und Niederschrift getrübt werden. In die Erinnerung können sich unbewusste Wünsche, verdrängte Schuldgefühle oder zu-sammengestückelte Phantasien drängen. Darüberhinaus verweist die Psychiatrie auf die Problematik zwischen Halluzination und gestörter Wahr-nehmung, indem Tagträume für Realität gehalten werden können.

Das bestimmte Beobachter beim Bericht über das Unbeweisbare lügen oder maßlos übertreiben, um sich beispielsweise wichtig zu machen oder an Beachtung zu gewinnen, ist eher ein soziologischer Sachverhalt.

Ein großer Teil der unheimlichen Erscheinungen ist auf Beobachtungsfehler zurückzuführen. Aber kann man in jedem Fall an der Wahrnehmung der Beobachter zweifeln und das gesamte paranormale Repertoire aus der Realität verbannen? Dieser Ansatz scheitert spätestens in den Fällen, wo bewegte Objekte im Spiel sind.

## PARAPSYCHOLOGIE – DISKONTINUITÄT DES LEBENS?

Im Vorfeld wurden bereits einige Charakterisma der Parapsychologie ange-sprochen. Der Begriff selbst wurde im Jahr 1889 von Max Dessoir geprägt. Als Zielsetzungen formulierte er:

[1] Außergewöhnliche Wahrnehmungen kritisch und mit wissenschaftlichen Methoden untersuchen.

[2] Aus dem Gemisch von Aberglauben, Phantasie und Täuschung einen Tatsachenbestand isolieren, mit dem das Vorurteil gegenüber paranor-malen Phänomenen überwunden werden kann.[156]

Die Parapsychologie distanziert sich seit jeher vom Spiritismus, dem man Aberglauben, Leichtgläubigkeit, tiefe religiöse Unsicherheit, aber auch das Vorantreiben einer okkulten Ideologie unterstellt. Hinter der Agitation der Parapsychologen kann man die Sehnsucht vermuten, endlich in den Kreis der etablierten Naturwissenschaften aufgenommen zu werden. Man ver-sucht sich in der Methodik der Schulwissenschaft anzunähern. Gewisse atheistische Tendenzen lassen sich nicht verleugnen. Dennoch steht die Parapsychologie in Opposition zu den Naturwissenschaften, die ihrerseits eine Art Interpretationsmonopol der Sinnauslegung aufrechterhalten wollen. Der Parapsychologie wird dabei vorgeworfen, keine eindeutigen Beweise zu liefern und das Prinzip des kritischen Rationalismus nicht anzuwenden. Das aber diese Beweise, der flüchtigen Natur des Untersuchungsgegenstandes wegen nur schwer beschafft werden können, dass Spuk unter Laborbe-dingungen nicht erzeugt und somit nicht allgemein nachprüfbar gemacht werden kann, wird ebenso ignoriert, wie der Umstand, das Beweise, wie beispielsweise die Auraphotographie nach Kirlian, die mentale Beeinflussung von EDV-technischen Programmabläufen oder Objektveränderungen in versiegelten Kontrollräumen, wenn sie einmal erbracht wurden, entweder nur unzureichend gewürdigt oder schlichtweg ignoriert werden. Was nicht sein kann, darf nicht sein. Was nicht sein soll, kann nicht sein. Naturwissenschaftler können Parapsychologie und Spiritismus nur schwer voneinander trennen. Das Erstere ist für sie lediglich das ›technische Rüstzeug‹ von Letzterem.[157]

### Was ist der Reiz der Parapsychologie?

Akademische Positionen sind den Vertretern der Parapsychologie weitgehend verwehrt geblieben. Auf der Website der Universität Freiburg findet sich das Institut für Parapsychologie nur schwer. Dennoch erreichen die Publikationen seiner Mitarbeiter Auflagen, welche dem Gros ihrer naturwissenschaftlichen Kollegen verwehrt bleiben. Öffentliches Interesse sowie private Stiftungen haben dafür gesorgt, das die Parapsychologie nicht von der Bildfläche verschwunden ist. Im Gegensatz zu der weitgehend auf analytischen Trennungen beruhenden, lediglich unter Laborbedingungen existierende Welt vieler Naturwissenschaftler sind die Erklärungsmodelle der Parapsychologie ganzheitlicher. Der Mensch ist demnach nicht nur jene biochemische Maschine, dem ein evolutionärer Zufall Geist gegeben hat. Die Menschheit wird dabei aufgewertet. Wir können nicht nur durch unsere Hände die Natur verändern, sondern auch durch unseren Geist, sobald dieses Potential gezielt genutzt werden kann. Zudem bedient die Parapsychologie auch unsere grundlegenden Ambitionen, denn wir sind immer auf der Suche nach einer ›New Frontier‹, nach einer Grenze hinter der Grenze. Während hier tief in Inneren der Wunsch nach Einklang mit der Natur schlummert, sehnt man sich dort nach totaler Kontrolle derselben. Die Tatsache, dass es unkontrollierbare paranormale Phänomene geben könnte, dass die Geister der Toten uns in unserem intimsten Intimitäten beobachten könnten, verunsichert zutiefst. Jeder Mensch, ob Befürworter oder Skeptiker hat eine tiefe emotionale Beziehung zu paranormalen Phänomenen. Nicht ohne Grund fürchten wir uns seit Kindertagen vor Monstern und Gespenstern.

### Methodenpluralismus

Die Parapsychologie geht seit jeher interdisziplinär vor. Durch eine Vielzahl unterschiedlichster Zugänge seitens der Theologie, Psychologie, Biologie, Physik, Kybernetik, Medizin u.a. ist im Gegensatz zu dem ›Experten- und Sektierertum‹ der Schulwissenschaften[158] ein bemerkenswert ganzheitlicher Theorien- und Methodenpluralismus[159] entstanden. Ein guter Parapsychologie muss nicht nur ein guter Praktiker und Theoretiker sein; er muss gleichzeitig Forschungsergebnisse aus verschiedensten Teilbereichen erfassen und auswerten können.

Die Nachteile sind davon schnell bei der Hand. Der Parapsychologe kann nicht so tief in die Materie des Fachgebietes eindringen wie der Experte. Dafür behält er den Überblick. Das Hauptproblem besteht für ihn darin, in einem instrumentarischen Universum konkurrierender Methoden, eine Auswahl zu treffen, welche von seinem Kollegen, der eine andere Auswahl getroffen haben mag, auch anerkannt wird. Keine der Methoden kann als absolut anerkannt werden. Ebenso gibt es kein Vergleichsmaß.

### Verdrängung als Arbeitsschutz?

Abschließend kommen wir noch einmal auf die Frage zurück, warum die Parapsychologen nicht an Geister glauben. Neben ihren doch inzwischen recht ansehnlichen Forschungsergebnissen, die diese Variante ausschließen sollen, könnte man von einem unbewussten Prinzip des Arbeitsschutzes sprechen. Wer die Tage mit der Erforschung des Grenzbereichs menschlicher Wahrnehmung verbringt, wer in Spukhäusern nächtigt, läuft irgendwann Gefahr die kritische Distanz zum Untersuchungsbereich zu verlieren oder er beginnt damit, sich vor unbekannten Intelligenzen und astralen Entitäten zu fürchten. Besser ist es daher, eine unbekannte Seite der Natur zu erforschen als Gespenster ansich.

## WIE STEHT DAS CHRISTENTUM ZUM SPUK?

Die Beschäftigung mit dem Paranormalen ist sowohl in unserer Gesellschaft als auch in den christlichen Kirchen ein Tabuthema.

Die Katholische Kirche rät den Gläubigen davon ab, sich mit Gespenstern und schon gar nicht mit Geisterbeschwörung zu beschäftigen. Spezialisten schützen die Gemeinde mit rituellen Waffen gegen das Unheimliche, bzw. die christliche Gemeinde bedrohende, bzw. Gott fernstehende Mächte.

In den Volkssagen sind Gespenster gewöhnlich alles andere als gewalttätig, abgesehen vom Beziehungsdreieck Geisterseher→Kirche→Gespenster.[160]

Dir Einstellung des Christentum zu den Gespenstern ist nicht eindeutig. Einerseits wird der Geisterglaube als Beweis für ein Leben nach dem Tod gesehen. Lange Zeit hat man die Furcht der Menschen vor Geistern instrumentalisiert, wonach böse und sündige Menschen nach dem Tod als Gespenst umgehen müssten. Darunter waren neben Mördern, Betrügern, Meineidigen oder ungerechten Richtern auch Freigeister und Atheisten, die zu Lebzeiten versucht hatten, sich der Kontrolle der Kirche zu entziehen. Unsere Sagenbücher sind voll mit solchen Beispielen. Andererseits lehnt die Kirche von jeher, die Beschäftigung mit dem Okkultismus, sowie das Beschwören von Geistern ab.[161] Alle paranormalen Ereignisse sind demnach auf den Satan zurückzuführen. Spukgeister sind für die Christen die niedrigstehenden boshaften Geister. Deren eher neckische Charakter macht sie für Geisterbeschwörungen ohnehin ungeeignet. Nur Engel und Dämonen, die das Alte wie auch das Neue Testament bevölkern, können diesbezüglich etwas bewirken. Doch wehe man lasse sich mit Dämonen ein. Diese lauern überall und warten nur darauf, das der Mensch Schwächen zeigt.

Die Abneigung der Kirche gegenüber den Umgang mit Geistern hat zwei Ursachen: [1]Das eigene Sinnsystem soll aufrecht erhalten werden. Abweichungen davon können mit dem Vorwurf der Abkehr von den christlichen Werten belegt und damit besser stigmatisiert werden. [2] Der Gläubige soll vor den Tiefen des Unbewussten und dem was hinter den Grenzbereichen menschlicher Wahrnehmung liegt, geschützt werden, indem man ihn in die christliche Kosmologie einbindet und ihm Angebote zur Gestaltung des Lebensweges unterbreitet, an die er sich halten kann.[162]

Dies kann vom Individuum einerseits als Belastung und Bevormundung empfunden werden, schützt ihn aber andererseits davor, sich in einem Dschungel scheinbar bestehender Lebensweg-Varianten zu verlieren und am Ende zu scheitern. Ausgerechnet unter Christen, die sich sehr viel mit apokryphen Schriften beschäftigen, als auch unter Juden, die sich in den mystischen Werken der Kaballa verloren haben, ist die Selbstmordrate sehr hoch. In einem Zeitalter zunehmender ›Liberalisierung‹ und Entfremdung von Werten muß das Beschreiten eines von konfessionellen Autoritäten empfohlenen Lebensweges nicht unbedingt von Nachteil sein. Bereits Emile Durkheim und nach ihm Max Weber sahen in der Lockerung von Doktrinen bzw. in der Säkularisierung des Glaubens seitens des protestantischen Weltbildes eine Ursache für die höhere Selbstmordrate der Protestanten gegenüber den Katholiken.[163] Aus ähnlichem Grund steht auch der ›Mainstream‹ unserer gegenwärtigen Gesellschaft dem Paranormalen ablehnend gegenüber. Wer sich zuviel mit dem Paranormalen beschäftigt, läuft Gefahr seine gesellschaftlichen Verpflichtungen zu vernachlässigen, bzw. ist für deren Werte und Angebote weniger angehbar.

Theosophische Bücher, wie: ›Das Leben nach dem Tod‹ von Charles Leadbeater waren nicht nur im ehemaligen Ostblock verboten. Das positive Bild vom postmortalem Dasein, welches darin gezeichnet wird, hat die Selbstmordraten bei psychisch-labilen, bzw. manisch-depressiven Menschen emporschnellen lassen. Die Tabuisierung des Paranormalen ist also nicht nur ein Herrschaftsmittel zur Konfirmierung der für das Establisment ›nützlichen‹ Werte, wie Verschwörungstheoretiker gerne behaupten. Es ist auch eine Schutzfunktion der Gesellschaft.

# SPIRITISMUS UND NEW AGE - ALTERNATIVE SINNWELTEN?

Den Beginn der ersten spiritistischen Welle, in der uns heute bekannten Form kann man auf das Jahr 1848 datieren. Damals entdeckten die beiden Schwestern Kathy und Magret Fox, dass sie mit einen angeblichen Klopfgeist in ihrer Wohnung kommunizieren konnten. Danach verbreitete sich diese Auffassung, das man mit den Geistern Verstorbener mittels bestimmter Techniken in Kontakt treten könnte sehr schnell durch Nordamerika und Europa. Die theoretischen Grundlagen dafür hatte Emanuel Swedenborg schon im 18. Jahrhundert gelegt. Von der Öffentlichkeit weitgehend unbemerkt, hatten die deutschen ›Pneumatologen‹ in den 1830er Jahren den Spiritismus mit den wissenschaftlichen Grundlagen jener Ära in Übereinstimmung gebracht. Dennoch machten erst relativ ›ungebildete‹ Amerikaner, wie der Autodidakt Andrew Jackson Davis, den Spiritismus zur Massenbewegung. Es kam also nicht auf Ideen, sondern auf Interessen an. Im Spiritismus gab es immer mehrere Richtungen.

Bei den unteren Bevölkerungsschichten auf dem Land setzte er eine bei weitem ältere Tradition fort. Hier und da kam er zum Erliegen, erfuhr aber immer Bestandswahrung, bis er nach dem Ende des Zweiten Weltkrieges nach dem Aufbruch der ländlichen Gesellschaft sozusagen ausgestorben ist, parallel dazu aber mit der bald darauf aufkommenden New-Age-Bewegung vereinzelt wieder in die Dörfer zurückkehrte.

In den Städten wurde der Spiritismus nicht zuletzt von exklusiven Gesellschaften, wie den Theosophen, den Anthroposophen u.a. am Leben erhalten und mit deren fernöstlich inspirierten Lehren verbreitet. Vornehmlich Krisenzeiten, die beiden Weltkriege, die Suche nach Gewißheit über das Schicksal der Vermissten ließen den ›spiritistischen‹ Berufszweig boomen.

Mit der ab den 1960er Jahren zunehmenden New-Age-Bewegung, einer seichten Auflage der romantischen Strömung des frühen 19. Jahrhunderts, startete die neueste Okkultwelle. Selbst Jugendzeitschriften wie ›Bravo‹ publizierten ›auf Teufel komm‹ raus unter den Teenagern einschlägige Techniken zur Geisterbeschwörung. Eine Erklärung für das Phänomen gab es gleich dazu: Ein Kontakt mit Verstorbenen ist möglich. Seitdem erfreuen sich okkulte Praktiken allgemein wieder zunehmender Beliebtheit.[164]

Unablässig erscheinen Bücher mit ›Geheimwissen‹ aller Art in ständig zunehmenden Auflagen: okkulte Logen, exklusive Lehranweisungen erleuchteter Meister, Magieschulen, Außerirdischen-Kontaktierung, Loch Ness, alternative, sprich: freie Energien, geheime Regierungsprojekte, Erleuchtungsyoga u.v.m.. Selbst das öffentlich rechtliche Fernsehen änderte in den 1980er Jahren oftmals sein Programm und stillte den Hunger des Publikums nach dem Paranormalen. Der israelische Löffelbieger Uri Geller, der ›Unglaubliche-Geschichten-Erzähler‹ Rainer Holbe waren von den Prominentenlisten nicht wegzudenken. Nach 1990 schien es bei den Medien zu einem Abflauen paranormaler Thematiken gekommen zu sein. Doch das Publikum war des Themas keineswegs müde. Eher hat es sich an die neue Sparte gewöhnt. Das Übersinnliche hat sich bis heute fest in den Regalen der Buchhandlungen bzw. im Internet etabliert und ist nicht mehr wegzudenken.

### Was postuliert der Spiritismus?

-Die Menschenseele ist unsterblich. Sie kann mit den Nachlebenden in Verbindung treten und so eine Reihe physischer und psychischer Phänomene hervorrufen, welche der ›Normalbürger‹ nicht hervorbringen kann.

• Damit die Totengeister mit den Lebenden Verbindung aufnehmen können, ist ein besonders veranlagter Mensch als Medium erforderlich.[165]

• Die Geister nehmen an der Welt regen Anteil.

• Die Seele gelangt nach dem Tod in ein Zwischenreich, wo sie gemäß ihrer bisherigen Neigungen weiterleben und sich weiterentwickeln kann.

• Alle höheren Wesen in dieser Zwischenwelt waren einstmals Menschen.

• Es gibt weder Himmel noch Hölle, noch prinzipiell gute oder böse Geister, sondern auch die ›bösen‹ Geister können sich zum ›Guten‹ entwickeln.

In Form einer soziologisch akzentuierten Kritik an der Parapsychologie bringt Adorno die gegenwärtige Renaissance des Okkulten mit der Entfremdungsproblematik der spätkapitalistischen Gesellschaftsordnung in Verbindung. Und in der Tat weist einiges darauf hin. Aber warum nehmen dann jene Menschen, die des naturwissenschaftlichen Materialismus müde geworden sind, nicht Zuflucht zur Religion? Abgesehen von Buddhismus, Hinduismus und Taoismus ist der moderne Spiritismus äußerst attraktiv. Er gilt manchen als ethisch fortgeschrittener als das Christentum. Denn hier gibt es keinen Himmel und keine Hölle. Der Spiritismus ist lebendig. Er liefert seinen Gläubigen Antworten. Sie können sich bei jeder Seance von der ›Leibhaftigkeit‹ der Geister überzeugen. Der Spiritismus passt sich ebenso wie der Voodoo-Kult auf Haiti der gesellschaftlichen Entwicklung an, indem er all jene Elemente adaptiert, die ihn stärken. So wird er auch in Zukunft Fortschritte machen und neue Anhänger finden.[166] Von einen Rückfall hinter das Niveau des gesunden Menschenverstandes, wie Adorno konstatiert, kann hier keine Rede sein.


### Leiten die Geister ein neues Zeitalter ein?

Während für die Spiritisten die Geister der Beweis für die Kontinuität des Lebens schlechthin sind, gehen einige Gruppen aus dem Konglomerat der New-Age-Bewegung auf ihrer Sinnsuche noch einen Schritt weiter. Geister müssen einen bestimmten Grund haben, um mit den Lebenden Kontakt aufzunehmen. Manche begrüßen sie gar als ein Vorzeichen eines heraufdräuenden ›Neuen Zeitalters‹.[167] Die Erscheinungen so meinen sie häuften sich in letzter Zeit. Wie könne die Naturwissenschaft also die Existenz von Geistern leugnen, ohne das ›geistige Sein‹ des Menschen zu verneinen, fragt beispielsweise der ›Geisterfotograf‹ Simon Marsden.[168]

Bleiben wir zunächst auf dem Boden der Tatsachen. Bis weit in das 19. Jahrhundert hinein, war der Großteil der Europäer von der Existenz der Geister überzeugt. Die Phänomene werden nicht seltener aufgetreten sein als heute. Mangels alternativer [naturwissenschaftlicher] Erklärungen der Sichtungen wird das Gegenteil der Fall gewesen sein. Mitglieder sogenannter ›primitiver‹ Stämme haben seit eh und je bis zum heutigen Tag Kontakt mit Geistern aller Art. Wie kann man da von einer Häufung des Phänomens sprechen? Ein kurzer Blick in die Geschichte relativiert die Rolle von Geistern als Vorboten einer Zeitenwende. Die Historiker sind sich heute darin einig, dass die ersten Christen Roms nicht zuletzt darum zu Märtyrern wurden, weil sie das Ende der Welt nahe glaubten. Desgleichen hat der Glaube um das kommende Reich Christi um das Jahr 1000 bzw. um 1500 herum zu weitreichenden gesellschaftlichen Konsequenzen geführt.

Der von Spiritisten postulierte Weltuntergang von 1839/1843 ist ebenso ausgeblieben, wie die Prophezeiungen des Nostradamus für das Jahr 1999. Wie gehen die Endzeitgläubigen damit um? Während die Einen den Termin auf das Ende eines Maya-Zeitrechnungszyklus [2012] hinausgeschoben haben, glauben andere das Ende der physischen Welt wäre bereits 1969 erfolgt, aber – da die Menschheit seither in einer Art Projektion lebe – weitgehend unbemerkt geblieben. Was will man dazu noch sagen? Der Schweizer Religionsphilosoph Armin Risi, der sich intensiv mit den altindischen Veden befasst hat, und auch dort Hinweise für jene große Zeitenwende 2012/2013 gefunden haben will, setzt der Diskussion geistreich ein Ende, indem er schreibt, dass das Schlimmste, was 2012 geschehen könne, sei, dass überhaupt nichts geschehe. Denn dann müsste die Mehrheit der Menschheit, jeder Hoffnung auf einen möglichen Einklang mit sich und der Umwelt beraubt, den Krebsgang und den Weg der Selbstzerstörung der Modernen Zivilisation hin zum ökologischen und gesellschaftlichen ›Supergau‹ bis zum Ende gehen. Man möchte es kaum glauben, aber schon jetzt ist unsere westliche Zivilsation, die in kaum 200 Jahren den Schritt von einer vorindustriellen weitgehend händisch geprägten Arbeitswelt zu einer in weitgehend vollautomatisierten Produktion mit all den bekannten modernen Annehmlichen geschafft hat, nur noch einen Steinwurf von einem Rückfall in die Steinzeit entfernt. Indem wir alles und jedes mit Elektrizität betreiben, indem die industrielle Produktion weitgehend automatisiert ist und stromunabhängige Produktionsmittel bestenfalls noch im Museum zu besichtigen ist, indem es bedingt durch die Industrialisierung der Landwirtschaft faktisch keine bäuerlichen Selbstversorger mehr gibt und auch jenes Netz, welches die Bevölkerung mit allem Lebensnotwendigen inzwischen auf einige Lebensmittelkonzerne und Super-marktketten zusammengeschrumpft ist, würde bei einem Totalausfall der globalen Stromnetze nach einem Sonnensturm die gesamte Versorgung der westlichen Zivilisation faktisch über Nacht ersatzlos zusammenbrechen. Es ist also längst nicht mehr die Gefahr von Atomkriegen, die die Mensch-heit in die Steinzeit zurückkatapultieren kann, es ist die Gefahr eines längeranhaltenden globalen Ausfalls der Elektrizität, welche ohne jede Zwischenstufe die modernen Menschen eines Tages buchstäblich mit leeren Händen dastehen lassen kann, wenn er sich nicht vorsieht. Denn Bäume wachsen bekanntlich nicht in den Himmel und jedes Ding hat seinen Preis. Das ist der Hintergrund vor dem Endzeitsekten operieren. Das ist eine der Grundlagen, auf der manche Spiritisten glauben, die Geister würden ein neues Zeitalter einleiten. Man glaubte und glaubt es auch noch, dass jetzt, wo die Schwelle zum neuen Jahrtausend überschritten ist, das Pendel wieder in die andere Richtung schlagen würde. Vorbei sei es mit krudem Materialismus und simplen Rationalismus. Es käme die von Traum-tänzern des New Age als ›Zeitalter des Wassermann‹ bejubelte Zeit der mystischen Schau und der Götternähe. Vor dem 21.12.2012 wimmelte es in den Internetforen geradezu von gechannelten Botschaften von Geistern, Engeln, Außerirdischen oder aufgestiegenen Meistern, die ankündigten, unser Planet werde schon bald in die Synchronisation mit dem galaktischen Zentrum treten, wodurch den Menschen, den Tiere und auch den Pflanzen ein gewaltiger Evolutionssprung bevorstände, wodurch viele von ihnen in eine höhere Dimension aufsteigen könnten und so weiter und so fort.

### Eigendynamik der Bewertung von Spukerscheinungen

Doch fahren wir mit unserem Thema fort. Die Parapsychologie – so hatten wir festgestellt – sucht die Ursachen von Spukerscheinungen bei lebenden Menschen. Dagegen können im Spiritismus nur Geister solche Phänomene jenseits physischer Realitäten vollbringen.

Wenn man die Entwicklung dieser beiden Denkrichtungen nachvollzieht, wird schnell evident: Die Beurteilung des Spuks birgt eine Eigendynamik und geht parallel mit der wissenschaftlichen Entwicklung. Vor 250, vor 150 Jahren, als die Grundgedanken des Spiritismus formuliert wurden, steckte die Erforschung der menschlichen Psyche noch in den Kinderschuhen. Demnach konnte auch der Mensch als Urheber der Phänomene noch nicht in Frage kommen, sondern höhere Mächte.

Während der Entwicklung der Parapsychologie nach dem Jahr 1890 über-nahm man vom Okkultismus den Glauben an eine noch unbekannte Natur-kraft, der ›feinstofflichen Energie‹, in Verbindung mit Prana oder Pneuma. Ebenso bemühte man die Erkenntnisse der Forschungen von Sigmund Freud und Carl Gustav Jung. So führte Driesch in den 1930er Jahren die

Existenz des ›Seelenfeldes‹ [Jung] in die Parapsychologie ein. Ab den 1950er Jahren involvierte man Elemente der Freudsche Psychoanalyse, seine These vom den unterdrückten Trieben und der unbewussten Apparatur des ›Ansichhaltens‹. Mit Benders Erforschung des Poltergeistphänomens und der Entdeckung der ›Fokusperson‹ kam die Theorie von der mediumistischen Psychose auf, und dient seitdem als für uns nachvollziehbare Lösung vieler paranormaler Probleme. Wenn in 10 oder 20 Jahren die Wissenschaft weiter vorangeschritten sein wird, dürfen wir uns auf neue Hypothesen hoffen. Die Parapsychologie ist, wie man sieht, flexibel genug, diesen Wandel mitzuvollziehen, weil sie trotz aller Stigmatisierung, mit der Naturwissenschaft verbunden bleibt. Der Spiritismus hingegen verharrt noch auf dem wissenschaftlichen Stand des 19. Jahrhunderts, was seiner Faszination allerdings kaum einen Abbruch tut.

## SOZIOLOGISCHE ZUGÄNGE ZUM SPUK

In diesem Kapitel wird untersucht wie paranormale Phänomene bzw. das Wissen um deren Existenz die Gesellschaft beeinflussen. Zunächst wird es um die Häufigkeit des Phänomens ansich gehen. Danach beschäftigen wir uns mit der Fokusperson und ihren sozialen Beziehungen sowie ihrem Milieu. Dabei versuchen wir auch interkulturelle Unterschiede herauszuarbeiten. Am Schluss werden wir versuchen, die interdisziplinaren Erklärungsversuche des Spuks um eine soziologische Variante zu ergänzen. Dabei wird es um Produktion und Reproduktion von Spuk gehen.

## WAS SAGEN DIE STATISTIKEN – WIE HÄUFIG IST SPUK?

Vor Hundert Jahren konstatierte die Society for psychial Research, das 10% der Befragten schon einmal Stimmen gehört, Gestalten gesehen oder Berührungen gefühlt hatten.[169] Eine neuere Untersuchung für die Bereiche Westeuropa und Nordamerika kommt zu ähnlichen Ergebnissen.
Für Deutschland liegen keine repräsentativen Daten vor. Dagegen wollen 68% der US-Amerikaner schon einmal ein Paranormales erlebt haben.
Was passiert beim Spuk wie oft? Unerklärliche Bewegungen prägen zu 87% das Geschehen. In 85% der Fälle bewegten sich schwere Gegenstände von selbst, bei 56% waren es dagegen leichte. Klopfgeräusche waren bei 57% der Spukfälle zu hören, um unerklärliche Geräusche ging es in 72% der Ereignisse. Dabei geht der Spuk mit der Zeit. Früher hörte man Hufgetrappel und genagelte Schuhe, heute sind es Schlagbohrer, Aufwaschgeräusche oder Geisterautos.[170]
Da Paranormales gesellschaftlich tabuisiert wird, ist von einer weit höheren Dunkelrate auszugehen. Wer gibt schon gegenüber Fremden Erlebnisse zu,

welche am eigenen Verstand zweifeln lassen. Weitere Phänomene werden vielleicht von der Brille unserer konditionierten Wahrnehmung ausgefiltert. Es scheint, als widersetzten wir uns der Vorstellung, paranormale Phänomene hervorzubringen oder Zeuge derselben zu werden. In diesem Sinne schrieb auch der deutsche Arzt, Naturforscher und Alchimist Paracelsus [eigentlich: Theophrastus Bombastus von Hohenheim 1493-1541]:

›Der Geist des Menschen ist das mikroskopische Gegenstück des allumfassenden Geistes. Der Mensch verfügt über Kräfte, die ihm die Macht über Dinge verleihen, auch wenn er sie vielleicht nur nutzen kann, wenn ihm besonderes widerfährt!‹

## VOM EINFLUSS DES SPUKS AUF
## INDIVIDUUM UND GESELLSCHAFT

Zur Fokusperson: Wir erinnern uns, das Poltergeistphänomene von Fokuspersonen ausgehen, die in gestörten zwischenmenschlichen Beziehung leben und unter enormen emotionalen Druck stehen. Es gibt Fokuspersonen, die den Spuk wie eine Schleppe durch ihr ganzes Leben ziehen. Dabei können Pausen auftreten, etwa wenn die Person umzieht oder den Lebenspartner wechselt. Die Parapsychologen glauben, dass auch andere Menschen von der Fokusperson ›infiziert‹ werden können.[171] Inwieweit diese selbstständig paranormale Phänomene hervorbringen oder dies nur in Verbindung mit der ›psychischen Kraft‹ der Fokusperson vermögen, bleibt, ungewiss. Unsere Volkssagen erzählen von Menschen, die ihre ›Teilpersönlichkeit‹ bewusst zu materiellen Zwecken eingesetzt haben.

Genannt seien in diesem Zusammenhang die Legenden von verschiedenen zauberkundigen Menschen, die uns Robert Eisel für den Geraer Raum überliefert hat, so von der Schwaaraer Bäuerin Stehfest oder den Meilitzer Rittergutsbesitzer von Koppy. Selbst nachdem sie gestorben waren, hörten die Spukerscheinungen keineswegs auf, sondern peinigten die Nachbarn in verschiedensten Formen noch lange Zeit. Das legt den Schluss nahe, dass abgespaltene ›Teilpersönlichkeiten‹ nach dem Tod der Fokusperson noch eine Weile überleben können. Besteht das Leben nach dem Tod im Fortleben der Fokusperson? Werden auf diese Weise noch letzte feinstoffliche Energiereserven verbraucht, bis die Teilpersönlichkeit am Ende ebenso erlischt wie der physische Körper, wenn diese keine neue Energiequelle bekommt? Kann eine noch lebende Fokusperson als potentielle Energiequelle angezapft werden? Eine wahrhaft gruselige Vorstellung, doch glücklicherweise rein hypothetisch. In den Volkssagen nehmen Zauberer und Fokuspersonen zumeist ein ›schlimmes Ende‹. Entweder werden sie vom Teufel geholt, woran auch Goethe in seinem ›Faust‹ erinnert, oder der

Geist, den sie erschaffen haben – die Sagen sprechen in diesem Zusammenhang von einer Art Bündnis mit einem Teufel, einem Kobold oder einem Feuergeist [Drachen] – läßt sie nicht sterben und bereitet ihnen so schweres Siechtum.

## RUHELOSE SEELEN ALS ENERGIEVAMPIRE?

Jeder hat das schon einmal erlebt: Wenn zwei sich gestritten haben, blüht jener, der sich am Ende durchgesetzt hat, regelrecht auf und strotzt vor Energie, während sich der Verlierer schlapp, matt und deprimiert fühlt. Die psychologische Erklärung erscheint einleuchtend. Während der Gewinner sein Selbstwertgefühl gestählt hat, weil er Macht ausgeübt und einen anderen zu Schanden geredet hat, ist sein Gegenüber tief verletzt fühlt sich minderwertig. Es gibt Leute, die sich regelrecht zum Ziel gesetzt zu haben scheinen, bei ihren Mitmenschen Unfrieden zu stiften. Stets sind sie auf der Suche nach ›Opfern‹, bei denen sie ihre ›Überlegenheit‹ demonstrieren können. Ob es sich bei den aggressiven um den ›bösen‹ Chef im Büro oder den gewalttätigen Trinker in der Bar handelt, besonders ›glückliche‹ Menschen sind sie meist nicht. Wer kaum erfüllte Momente hat, in denen er seine ›Energiedepots‹ auffüllen kann, ist gezwungen, sich von der Lebensenergie anderer ernähren. Das schlussfolgert zumindest die Aura- bzw. Energieaustausch-Theorie. Auraphotographen wollen bildlich festgehalten haben, was sensitive ›Aurasichtige‹ längst wissen: Bei Auseinandersetzungen zwischen Menschen verwirbeln die Auren der Streitenden miteinander. Es kommt zum Energieaustausch. Am Ende ist die Aura des Gewinners hell leuchtend, die des anderen Verlierers dagegen matt und verblasst. Neben aggressiven Energievampiren gibt es auch solche, die latent vorgehen, indem sie sich ›energetisch kraftvolle‹ Partner oder Freunde suchen, die sie langfristig, teils über Jahrzehnte buchstäblich ›aussaugen‹ können. Dabei ist das den meisten von ihnen nicht einmal bewusst. Auch hier haben wir wieder ein Beispiel dafür, warum esoterische Wissensansätze so populär sind. Schwer verständliches und Unerklärliches wird nachvollziehbar vereinfacht, ohne Beweise dafür erbringen zu müssen.

## DIE AURA-LEHRE

Die Auralehre vertritt die Ansicht, dass es bei allen sozialen Kontakten auch zum ›feinstofflichen‹ Energieaustausch zwischen den Beteiligten kommt, der in den meisten Fällen positiv verläuft. Deswegen umgeben wir uns gern mit ›gleichen‹ Menschen, zumal ›gleiches gleiches anzieht‹, wie der Volksmund schon weiß. Die ›Energieaustauschtheorie‹ steht im Gegensatz zu den Erkenntnissen der Kommunikationswissenschaft, würde allerdings das große semantische Geheimnis, um die Art des gegenseitigen Verständnisses auf recht originelle Weise lösen.

Es gibt mittlerweile viele einschlägige Bücher und auch Kurse, die ›den richtigen Auraschutz‹ vermitteln wollen. Ihre Techniken, die in der Geschäftswelt Asiens längst zum guten Ton gehören, bestehen großenteils im gezielten Einsatz bereits bekannter nonverbaler Gestiken.

Die ›Auraschützer‹ schwören auf den Erfolg, zumindest solange sie bei verbalen Überfällen nicht selbst in Wut geraten oder schlicht vergessen, sich zu schützen.[172]

Den Bezug des Ganzen zu Fokuspersonen und Totengeistern offerieren Animismus und Schamanismus: Höchstwahrscheinlich hatte der Ahnenkult der ›Naturvölker‹ keine andere Aufgabe, als die noch auf Erden, bzw. in der ›Unterwelt‹ verharrenden Geister der Vorfahren mit feinstofflicher Energie zu versorgen, bzw. deren Raubbau damit zu kanalisieren.

›Sag mir, woran Du denkst und ich sage Dir, wohin Deine Energie fließt!‹, lautet der Kernsatz der ›Energieaustauschlehre‹. Das Motiv dafür ist nicht nur in jener allseits verbreiteten Furcht vor den Toten zu finden, vor denen uns ja bis heute graut, sondern hat zumeist ganz profane Hintergründe:

Die Lebenden trachten danach, an Wissen, Erfahrung und Fertigkeit der Ahnen teilzuhaben, damit sie wieder die richtigen ›Ahnungen‹ bekommen. Die Befragung der die Vergangenheit- und Zukunft kennenden Vorväter, vor wichtigen Entscheidungen ist noch heute in der Voodoo-Kultur Haitis, bzw. in weiten Teilen Afrikas gang und gebe.

Nach der ›Auralehre‹ von postmortal astral existierenden Totengeistern sind jüngst Verstorbene und extern agierende Teilpersönlichkeiten von noch lebenden Menschen eher wahrnehmbar, als ›ältere‹ Geister. Die Aura verliert nach dem Tod an Energie, verblasst zunehmend, bis sie schließlich ganz verlischt. Wieviel Bewusstsein eine solche Hülle noch in sich trägt, bzw. inwieweit sie mit der ansich unsterblichen ›Seele‹ identisch ist, vermag keiner zu sagen. Die eingangs erwähnte Annahme, die Geister der Toten würden sich von der feinstofflichen Energie der Lebenden ernähren, findet sich auch im Schamanismus: Menschen, die durch eine Art von ›spiritueller Aufgeschlossenheit‹ ein hohes Niveau an feinstofflicher Energie besitzen bzw. Fokuspersonen, deren geistige Energie Materie unkontrolliert ins Wanken bringen soll, können ebenso bevorzugtes Energiereservoir für Totengeister sein. Es muss nicht in jedem Fall die unbewusste externalisierte Teilpersönlichkeit der Fokusperson oder eine medial begabte Persönlichkeit sein, die paranormale Phänomene hervorruft. Der einzige für uns nachvollziehbare Hinweis auf diese Theorie besteht darin, dass die empirische Beweismittel mit welchen die Theorie von der Mediumistische Psychose formuliert wurde, auch andersherum interpretiert werden können, indem man die Phänomene eben nicht den Lebenden, sondern den

Toten zuweist. Für die Theosophen hängt die Qualität der Existenz des Toten in der Zwischenwelt davon ab, welche Süchte und Vorlieben dieser im Leben entwickelt hatte. ›Es mag seine Richtigkeit haben!‹, wenn die Religionen den Gläubigen Maßhalten im Genuss vorschreiben. Nach der Auralehre wird die Aura durch Alkoholismus, Rauchen, übermäßigen Fleischgenuss, Pornographie, selbst durch Kaffee- und Teetrinken mehr oder minder geschädigt.

Wer – so glauben die Theosophen – nach dem Tod mit einem schwer geschädigten feinstofflichen Körper in der Zwischenwelt erwacht, ist nicht nur lange Zeit wie gelähmt, sondern seine Vorlieben und Süchte, welche er im Leben gepflegt hat, bestehen weiter und verstärken sich sogar.

Die altindischen Veden lehren, dass in unserem Universum bis zu 14[!] Dimensionen in ein- und demselben Raum existieren, also 14 Universen mit Planeten, Sonnen und Spiralnebeln u.s.w.. Das ist wie mit verschiedenen Radiosendern, die alle ein und dasselbe Gebiet in verschiedener Frequenz bzw. Auflösung beschallen.

Während es nun dem Toten in seiner Dimension dürstet und gelüstet, kann er auf gewisse Weise die Astralkörper von auf der physischen Ebene lebenden Menschen wahrnehmen, wenn deren ›Astrallicht‹ durch infolge unmäßigen Lebensgenusses entstandene Löcher, gleich dem Scheinwerfer eines Leuchtturms in die Dunkelheit dringt. Das zieht diese lebenshungrige Existenzen an, denen es irgendwie gelingt, sich an den Astralkörper des Lebenden anzudocken und an den Genüsse des Lebenden teilzuhaben, ähnlich – wir hatten das schon einmal erwähnt – wie in dem Film ›Being John Malkovic‹. Dabei ist es nur eine Frage der Zeit bis der ›psychische Parasit‹ die Sinnbefriedigung und damit die Willenskraft seines Wirtes zu beeinflussen beginnt, weswegen dessen Sucht stets stärker und stärker zu werden scheint.[173]

Entgegen den Theorien von der psychischen Abhängigkeit infolge neuronaler Konditionierung bzw. sozialer Prägung reproduzieren sich auf diese Weise die Süchte der Menschen von Generation zu Generation. Das ist ein durch und durch verstörendes und daher umso leichter zu verdrängendes Dilemma. Ein Lichtblick besteht lediglich darin, dass diese Theorie weder großräumig belegbar und schon gar nicht wissenschaftlich nachvollziehbar ist, während die genannten schulwissenschaftlichen Ansätze auf einer ausgezeichneten empirischen Basis beruhen. Das bringt die Aura- und Energieaustausch-Theoretiker längst nicht aus dem Konzept. Sie bemühen den alten Homöopatie-Lehrsatz: ›Körperliche Gebrechen sind ein Ausdruck der Seele‹. Demnach beginne die Krankheit stets in einem der feinstofflichen Energiekörper und reproduziere sich nach unten fort oder mit Dieter Beck gesagt: »Körperliche Krankheiten stellen oft einen Versuch dar, eine seelische Verletzung auszugleichen, einen inneren Verlust zu reparieren oder einen unbewussten Konflikt zu lösen. Körperliches Leiden ist oft ein seelischer Selbstheilungsversuch. Der Selbstheilungsversuch kann gelingen, des öfteren wird er mißlingen!«[174]

## Der Umgang mit dem Paranormale im Alltag

Nicht selten gerät die Fokusperson, die ›spukhafte‹ Phänomene hervorruft, in den Verdacht etwas damit zutun zu haben.[175] Wenn es irgendwo spukt, setzt sofort die Sinnsuche ein. Ohne genaue Recherchen wird oft gemutmaßt, dass an dem Ort einstmals ein Verbrechen verübt worden sei.

Manchmal werden paranormale Phänomene, im Nachhinein als Vorboten großer Ereignisse interpretiert, wie beispielsweise in Gera vor dem Großen Brand von 1780 oder in Saalfeld vor dem Beginn des 30jährigen Krieges. Ungewöhnliche Erfahrungen können eine Bedeutungsveränderung in unserem Leben bewirken, wie das Beispiel von Nahtod-Erlebenden zeigt. Oftmals werden paranormale Erfahrungen in Lebenskrisen gemacht. Die starke emotionale Färbung fördert freilich den Gespensterglauben.[176]

Manfred Dimde schreibt, dass gerade in den Gründungsgeschichten von Wallfahrtsorten oft von Marien- oder von Lichterscheinungen die Rede ist, welche sich fast ausnahmslos Menschen offenbaren, die sich gerade in extrem belastenden körperlichen oder seelischen Zuständen befanden und die daher besonders sensibel für Grenzerfahrungen solcher Art waren.

Paranormale Phänomene bedienen eine tiefe Sehnsucht des Menschen spirituell zu wachsen und andere Wirklichkeiten aufzuspüren.

Für viele sind solche Erlebnisse ein willkommenes Mittel, zur Abgrenzung bzw. Hervorhebung gegenüber den Mitmenschen. Das kann soweit gehen, dass einige Leute, die einmal etwas Besonderes erlebt haben, glauben, sie seien zu Mystikern geworden und hätten eine Botschaft zu verkünden, so wie in der Windischenbernsdorfer Sage von den beiden Knäblein.

Wenn jemand einmal etwas Unerklärliches sieht, kann es je nach dessen Erwartungshaltung entweder ein Gespenst,[177] eine Elfe oder ein Außerirdischer gewesen sein. Freilich gibt es enorme kulturelle Unterschiede dabei. Was bei und als Geist durchgeht, wird etwa in Indien ›Mara-Rupa‹ [Produkte der Leidenschaften] oder in Tibet ›Pulpa‹ genannt. Der Pulpa ist eine Ansammlung von Gefühlen und Emotionen eines Menschen, die sich externalisiert und verselbstständigt haben. Spuk kann sich besonders in Gruppensituationen steigern, wenn die affektiven Spannungen zunehmen.[178] Dagegen sehen die Spiritisten einen von mehreren Beobachtern bezeugten Spuk als Beweis für das Phänomen ›par excellence‹, während Psychologen, das Ganze für eine Art Massensuggestion bewerten würden.

Inwieweit sind Betrugsvorwürfe bei paranormalen Vorfällen berechtigt? Stellen wir uns einmal folgendes Szenario vor: Eine sich von der Gesellschaft missverstanden fühlende, von der Umgebung unterdrückte Fokusperson[179] wird infolge eines Spukerlebnisses plötzlich beachtet, in ihrer Position aufgewertet. Nachbarn, Wissenschaftler, Polizisten, Journalisten interessieren sich plötzlich für sie. Die Person scheint zu fühlen, das diese plötzliche Anerkennung etwas mit dem Spuk zutun haben könnte, den sie unkontrollierbar zu beeinflussen scheint. Irgendwann wir sie damit beginnen, diese Phänomene bewusst hervorrufen zu wollen, um die Aufmerksamkeit der Umgebung aufrechtzuerhalten. Gemäß dem Zweiten Hauptsatz der Parapsychologie ist das jedoch nicht möglich. PSI-Kräfte lassen sich, wenn überhaupt, nur von absoluten Profis, wie manchen indischen Heiligen bewusst hervorrufen bzw. steuern. Wenn die Erfolge dann ausbleiben, wird die Umgebung ungeduldig. Die Fokusperson fühlt sich unter Druck und neigt zu Manipulationen. Wenn diese Misslingen, ziehen sich alle Beteiligten enttäuscht zurück. Die Sache vom unerklärlichen Phänomenen ist plötzlich erklärbar geworden. Auch wenn es tatsächlich am Anfang paranormal zugegangen ist, wird der Betrugsvorwurf auf den gesamten Sachverhalt ausgeweitet. Die Umgebung ist es zufrieden. Betrug passt eben besser ins Bild, als Spuk. Große Karrieren von Sehern und Medien sind auf diese Weise zu Ende gegangen. Wenn man davon ausgeht, der Spuk sei ein Hilferuf der mental schwer leidenden Fokusperson, bleibt zu fragen, wie erfolgreich diese freilich unbewusste Taktik ist? Die Antwort liegt auf der Hand. Nach einer kurzen Aufmerksamkeitsphase wird die Fokusperson am Ende meist stigmatisiert. Die wirkliche Problematik wird selten erkannt. Um die Personen wird eine ›düstere‹ Aura geschaffen. Es gibt ein Nachspiel, was den Neuanfang nicht gerade leichter macht. Ein Leben auf der Rückseite der Gesellschaft scheint vorbestimmt. Früher wie heute zählen Fokuspersonen – die ›immer einen kleinen Spuk um sich‹ haben – zu Außenseitern. Galten sie früher als Zauberer oder Hexen, wie der im Jahre 1442 in Weida lebendig verbrannte Hexenmeister Annacker,[180] werden sie heute nach dem Siegeszug der modernen Psychiatrie als ›nicht zurechnungsfähig‹ stigmatisiert. Am Umgang der Gesellschaft mit ihnen hat das nichts geändert. Oft haben sie Schwierigkeiten Arbeit bzw. Freunde zu finden und verlieren diese oft schnell, wenn der Spuk wieder losgeht. Statistisch gesehen, ist das Phänomen allerdings bei den wenigsten chronisch. Die meisten Fokuspersonen erzeugen paranormale Phänomene nur während der Pubertät bzw. in schweren Lebenskrisen. Für Pubertierenden als Fokuspersonen gilt ferner: Spuk ist in den Augen der Gesellschaft ein ebenso zweifelhaftes Mittel Aufmerksamkeit zu erregen, wie Vandalismus oder Grafiti-Sprayerei. Durch die geistige Brille unseres Habitus sehen wir nur, was wir sehen wollen. Ein Spukerlebnis als bizarre Abwechselung vom Alltag prägt sich weniger ins Gedächtnis ein, wenn das Erlebte zur eigenen Sinnwelt zu konträr ist. Dann tritt das Phänomen der kognitiven Resonanz auf. Es wird ausgeblendet, was dem eigenen Weltbild widerspricht. Bei mehreren Beobachter kann es zur kollektiven Verdrängung kommen. Man spricht einfach nicht mehr darüber.[181]

## PHASEN DES SPUKS

Spuk hat eine Dramaturgie. In der Überraschungsphase wird die unmittelbare Umgebung des Spukagenten durch unerklärliche Ereignisse sozusagen wachgerüttelt. Man sondiert alle möglichen Ursachen, nimmt Deutungsvorschläge aus dem Bekanntenkreis entgegen. Schaltet notfalls die Polizei ein. In der Verschiebungsphase werden Dinge ausprobiert. Polizei stellt Hypothesen auf. Allmählich werden die ›Zaungäste‹ unzufrieden.
Sie wollen die Phänomene auch sehen. Am liebsten vor laufender Kamera. Man will Beweise und begibt sich in Erwartungshaltung, doch es tut sich nichts. Das Phänomen ›verschiebt‹ sich, aber die anfängliche Dynamik bleibt erhalten. In der Absinkungsphase kommt es zur Ernüchterung. Der große Erwartungsdruck hemmt die Entstehung weiterer Phänomene.
Die Journalisten ziehen enttäuscht ab und für die meisten ist klar, sie sind einer Ente aufgesessen oder die Fokusperson hat manipuliert.
Es folgt die Verdrängungsphase: Da Spuk etwas Anarchisches ist, darf es ihn nicht geben. Also werden die Leute im Zentrum des Geschehens, im Auge des Spuks als Betrüger bezeichnet.[182]
Dieses bei der Erforschung sozialer Kreise bewährte System arbeitet mit ineinander geschachtelten Systemen: In der Mitte, von allem eingeschlossen, steht die Fokusperson, einsam, unverstanden mit dem brennenden Wunsch, sich mitzuteilen. Sie merkt unbewusst, dass sie mit einem Schabernack Aufmerksamkeit erregen kann. Die Sache kommt langsam in Bewegung, gewinnt eine Eigendynamik und wird zunehmend unkontrollierbar. Die Umgebung, die den Spukagenten umgibt, wird ergriffen und gibt ebenfalls Informationen nach außen ab, an die naiven Beobachter [Polizisten, Feuerwehrleute]. Dann kommen von außen kritische Beobachter [Parapsychologen, Journalisten], die nicht nur Informationen aufnehmen, sondern versuchen das Spiel zu beeinflussen, weil sie bestimmte Erwartungen haben. Und auch die Gesellschaft, die als Nährlösung, alle handelnden Gruppen umgibt, spielt da hinein, nimmt aber kaum Informationen auf. Sich zurückziehen kann die ›spukauslösende‹ Person längst nicht mehr machen.
Das Spukgeschehen wird im hierarchischen Modell als ein ineinander verschachteltes System aus organisatorisch geschlossenen Teilsystemen gesehen, wobei jedes Teilsystem mit dem jeweils eingeschlossenen organisatorischen Untersystem pragmatische Informationen austauscht.[183]

# KULTURHISTORISCHE UNTERSCHIEDE

Wenn der Spuk ein Produkt von Menschen ist, müssten sich in ihm auch kulturelle Unterschiede manifestieren. Diesem Thema könnte man ein ganzes Buch widmen, doch mögen wenige Aspekte einstweilen genügen: In den altindischen Überlieferungen erscheint die Welt als Schlachtfeld zwischen Engeln, Dämonen, Geistern und Menschen. Neben den Auftritten von göttlichen Inkarnationen beschreibt die vedische Geschichte eine beinahe endlose Abfolge von Dämonenkarrieren, deren Wahrnehmung als Bedrohung der Götter und Menschen und das letztendliche Bezwingen derselben. Auch im Nahen Osten und in den antiken Mittelmeerkulturen tummelte sich eine reichhaltige Geister- und Dämonenwelt. Sie fand auch in der Bibel ihren Niederschlag und erreichte mit der Christianisierung schließlich Europa. Dort fand sie eine vom Naturglauben geprägte heidnische Mythologie vor. Diese war, das zeigen die Sagen der Nordländer, bedeutend ärmer an Gespenstern und Naturgeistern als die Mittelmeerwelt. Während Kelten und Südgermanen verschiedene Kategorien von Gespenstern kannten, erscheinen in den isländischen Saga´s nur Draugars, die als Totengeister, am Ort ihrer Untaten umgehen müssen und im Traum die ›Fulgjur‹ als eine Art Schutzgeister. Während die mediterranen Geister und Dämonen von Menschenhand nicht ohne weiteres zu besiegen waren, konnten die nordischen Riesen, Zwerge oder Wiedergänger gestellt und vernichtet werden.[184]

# GROSSBRITANNIEN – DAS REICH DER GEISTER?

In der deutschen Gesellschaft ist der Spuk tabu. Außer in den Fällen, die von den Parapsychologen gesammelt wurden, oder in alten Sagenbücher zu finden sind, gibt es kaum Spukbücher.

Für die Zeit nach 1945 sind relativ wenige Fälle bekannt. Dagegen gehören Gespenster in Großbritannien, dem ›Land der Geister‹ zum guten Ton. Es gibt kaum ein denkmalgeschütztes Gebäude in dem es nicht spukt. Ein Heer von Geisterjägern zeichnet akribisch jeden neuen Fall auf und veröffentlicht sogar einschlägige Reiseführer.[185]

Demnach sind Geister keine Einbildung, auch nicht von Spukagenten, weil sie mancherorts über Jahrhunderte, zu verschiedensten Zeiten von verschiedensten Leuten unabhängig voneinander gesehen wurden. Sehr auffallend bei englischen Spukgeschichten ist ihre Flexibilität. Neben den ehrwürdigen Gestalten vergangener Epochen, kommen jedes Jahr neue Geister hinzu. Diese sind modern gekleidet, benutzen moderne Verkehrsmittel und werden von Fahrgästen immer wieder an ein und derselben Straßenecke gesehen. Auch gibt es in Großbritannien kaum eine prominente Persönlichkeit, die sich untersteht, nach ihrem Ableben umzugehen. Die britische Gesellschaft scheint weniger Schwierigkeiten mit dem Paranormalen zu haben. Auch Menschen, die sich außerhalb der gesellschaftlichen Norm bewegen, scheinen es auf den Inseln einfacher zu haben. Studien über Lebensbilder und Lebensdauer von sogenannten Exzentrikern haben gezeigt, dass in Großbritannien überdurchschnittlich viele Menschen mit einer solchen Einstellung durchs Leben gehen, während unangepasstes Verhalten in Deutschland bei weitem mehr stigmatisiert wird, wenn man nicht gerade eine Nische in der Unterhaltungsbranche gefunden hat.[186] Die Entwicklungen in Deutschland bzw. in Großbritannien zeigen, das die gesellschaftliche Mentalität den Umgang mit dem Paranormalen beeinflusst.

## INWIEWEIT IST DER SPUK GEWALTTÄTIG?

Die Parapsychologie geht im Allgemeinen davon aus, das Menschen vom Spukgeistern nicht körperlich verletzt werden können. Nur in den USA halten sich hartnäckig Berichte, dass Menschen von Gespenstern mehr oder weniger erheblich verletzt worden sind. Besteht in Europa diesbezüglich ein Forschungsdefizit? Bestehen Korrelationen zwischen der Gewaltkultur in den USA und dem dortigen Spuk? In Amerika gibt es erheblich mehr Horrorfilme und ›crime-reality-events‹ als bei uns. Unlängst haben dort Kinder- und Jugendschützer Alarm gegeben, weil das durchschnittliche US-amerikanische Kind allein im Tagesprogramm alljährlich etwa 5.000 Morde und über 2.000 Vergewaltigungen zu Gesicht bekommt. Gehen die Amerikaner allein darum von der Gewalttätigkeit des Spuks aus, weil diese täglich in Fernsehen erscheint? Werden ›normale‹ Spukphänomene dahingehend aufgebauscht? Wir wissen es nicht.

In der deutschen Sagenwelt ist das Auftreten von Gewalt regional unterschiedlich. Während sie in Thüringen weniger eine Rolle spielt, gibt es im angrenzenden Vogtland eine Reihe von Spukgeschichten, wo ›es‹ die Leute ›packt und heftig drückt, dass sie hernach lange Zeit niederliegen müssen‹ oder das ›es‹ im Hühnerstall die Hennen erdrückt und anderes Vieh tötet.

## GESELLSCHAFT UND TABUISIERUNG DES SPUKS

Spiritisten und Parapsychologen gehen davon aus, dass jeder Mensch paranormale Fähigkeiten erwerben kann, wenn er/sie sich mit diesen Fähigkeiten wohlfühlt. Den einen ist das unheimlich, den anderen schreckt die Missbilligung durch die Gesellschaft ab. Seit jeher wurde und wird ein harter Kampf um Glaubensdogmen geführt, sobald handfeste Interessen dahinter standen. Selbst Jesus Christus dürfte von Pontius Pilatus, dem römischen Landpfleger in Judäa hauptsächlich darum zum Tode verurteilt worden sein, weil er seine Anhänger dazu aufgerufen hatte, alle Habe zu verschenken und ihm zu folgen. Wie hätte Rom dann noch Steuern von den Menschen verlangen können. Und überhaupt, wo käme ein Gesellschaft auch hin, wenn sich alle Menschen vom Mainstream abwenden würden? So ist es seit eh und je der Fall, dass Abweichungen von der allgemeinen Norm sanktioniert werden. Propheten hat man gesteinigt, Hexen verbrannt. Sorgte einstmals die Heilige Inquisition für Recht und Ordnung, so ist es heute die Psychatrie, die bestimmt, welches Verhalten richtig und welches falsch ist. Während in alter Zeit das Leugnen von Geistern und Dämonen gefährlich werden konnte, so ist es heute der Glaube daran. Wer nicht negativ auffallen oder für ›unzurechnungsfähig‹ gehalten werden möchte, tut besser daran, seine paranormalen Erlebnisse nicht auszuplaudern. Vorausgesetzt er will sich der Lächerlichkeit preisgeben oder von den Medien, wie eine Zirkustier vorgeführt werden. Darum ist auch die Dunkelziffer für solche Phänomene dementsprechend hoch.[187]

Da der Spuk aus denn Alltag verbannt ist, ist der Mensch vom Umgang damit entwöhnt. Doch fürchtet er sich davor. Allein die Tabuisierung des Spuks ist ein sichtbares Zeichen dafür, dass die Menschen mit dem Problem nicht wirklich umgehen können. Der Spuk wurde ebenso wie der Tod aus der Gesellschaft verbannt und unter dem Teppich gekehrt. Während sich der Tod, seiner Würde beraubt, in die Sterbezimmer der Krankenhäuser zurückgezogen hat, verbleibt dem Spuk immerhin noch ein Forum in der Subkultur der Esoterik. Dort wird das Thema nach wie vor leidenschaftlich diskutiert. Die Abgrenzung der eigenen Sinnwelt gegenüber hierarchisch untergeordneten Subsinnwelten jenseits der Grenzbereiche hat auch eine nützliche Komponente. Damit wird verhindert, dass sich zu viele Menschen in den Tiefen alternativer Wirklichkeiten verlieren.[188]

Wenn wir davon ausgehen, dass die enorme psychische Kraft, die beim Spuk entfesselt wird, destruktiv und chaotisch wirkt, kann man hinter der Tabuisierung durch die Gesellschaft auch eine Art Schutzversuch gegenüber ihren Mitgliedern vermuten. Vielleicht haben gerade die Versuche, solchen unkontrollierten Kraftausbrüchen die Basis zu entziehen, dazu geführt, dass sich Gesellschaft einst überhaupt entwickelt hat?

Mit der Tabuisierung des Spuks seitens der Gesellschaft, mit der Verdrängung dessen, was nicht in unser Weltbild passt, ist nicht vollständig erklärt, warum paranormale Phänomene nicht häufiger sind. Kenneth Batcheldor hat in seinem psychologischen Modell[189] zur Erklärung von Handlungsabläufen bei Seancen [Sitcoms] auf folgendes hingewiesen:

Es gibt beim Individuum einen inneren Widerstand Urheber paranormaler Phänomene zu sein. Es gibt eine innere Blockade Zeuge paranormaler Ereignisse zu sein. Man liest zwar gerne Gruselgeschichten, aber erleben möchte man keine. Dieser Umstand führt dazu, dass sich Medien einen [Kontroll]Geist schaffen, der an ihrer Stelle Kontakt zu den Toten aufnimmt. Auch wird damit erklärt, warum Geistheiler in Brasilien, bzw. auf den Philippinen immer angeben im Namen von anderen zu operieren.

Wir kennen das Phänomen von der Fastnacht, die eine Ventilfunktion für die Gesellschaft erfüllt. Unter einer Maske kann sich jeder beliebig verhalten. Maskenträger in zentralafrikanischen Stammestänzen halten sich von jenem Tier besessen dessen Maske aufgesetzt haben.

# PRODUKTION UND REPRODUKTION VON STRUKTUR
## EIN SOZIOLOGISCHER ANSATZ ZUM SPUK

### TRAUMTHEORIE[190]

»Träume führen uns in eine Welt, die von unserer vertrauten Realität verschieden ist. Manche Menschen sehen heute in den Industriestaaten die Welt der Träume als Realität zweiter Klasse an, wenn sie ihr nicht gänzlich jede Realität – abgesehen von psychologischen Funktionen – absprechen. Nun ist es nicht nur der Fall, dass wir viel reales aus dem unendlich weiten Traummeer herausfischen können, sondern andersherum wird unsere Tagesrealität wohl von allerlei Träumen durchzogen. Auf diese Möglichkeit weist schon Aniela Jaffé hin, wenn sie annimmt, das wir auch während des Tages weiterträumen, aber wegen der Aktivität des Bewusstseins die Träume nicht wahrnehmen können. In Momenten der Müdigkeit, wenn wir kurz ›wegtreten‹, können die Bilder wieder zum Vorschein kommen. Aus all dem mögen wir wenigstens die Erkenntnis ziehen dürfen, dass die Trennung zwischen Traum und Wirklichkeit alles andere als scharf ist und vielmehr eine Verwobenheit von beiden und damit eine unfassendere einheitlichere Welt, die nicht in die Lager ›wirklich‹ und ›unwirklich‹ geteilt ist, angedeutet wird.«[191] Man vermutet daher auch, dass der Glaube an Gespenster seinen Ursprung der Überlagerung von Traum- und Wachbewusstsein verdankt. Wenn es bei den frühesten Naturvölkern überhaupt eine nachweisbare Form religiöser Vorstellungen gegeben hat, so war das mit Sicherheit der Animismus. Dieses Phänomen hat wohl mit dem fundamentalen Einschnitt zu tun, den der Verlust eines Gruppenmitgliedes für den damaligen Menschen bedeutete. Stellen wir uns folgendes Szenario vor: Der Tote liegt da, wie ein Schlafender, doch etwas fehlt ihm. Mit dem letzten Atemzug scheint er etwas auszuhauchen. Was ist dieser letzte Zug? Ist es die Lebenskraft? Ist es die Seele?[192] Die Sinnsuche des Menschen begann und wahrscheinlich hat der Traum mitgewirkt, das Geistervorstellungen feste Formen annahmen. Der Traum erscheint uns höchst real, mag er noch so wild sein. Nun ist das Traumbild oft nicht mit Realität vereinbar. Wir reden mit Toten oder weit entfernten Verwandten reisen überall hin. Konnten aber die frühen Menschen schon Traum und Wirklichkeit klar auseinander halten? Hatten sie Einsicht in die Naturgesetze, in die Schwerkraft? Antworten können hier nur die Untersuchungen der Anthropologen, vorallem aber der Kinderpsychologie bieten. Hier ist man der Ansicht, dass Kinder bestimmten Alters, die sich vor den Monstern aus ihren Träumen fürchten oder sich imaginäre Spielkameraden zulegen, manchmal nicht klar zwischen Traum und unterscheiden können. Der Spiritismus hält dagegen, dass gerade die unverbildenden, unkonditionierten Kinder feinfühliger seien und Dinge zwischen Himmel und Erde wahrnehmen könnten, welche den Erwachsenen verwehrt blieben. Auch die Volkssagen wissen, dass Kinder und Tiere es sind, die Gespenster sehen können. Der Traum ist oft chaotisch und anarchisch. Manchmal leben wir in ihm unsere Wünsche aus. Darin besteht die entscheidende strukturelle Gemeinsamkeit mit dem Spuk. Wenn wir von Verstorbenen träumen, erscheinen sie uns schattenhafter. Sie hinterlassen oft keine Spur ihres Erscheinens, sind also weniger wirklich. Ebenso nichtmateriell und verschwommen, erscheinen uns auch die Geister. Der weitverbreitete Glaube, Verstorbene würden sich nach dem Tod noch eine Weile in der Nähe ihres Wohnortes aufhalten, könnte daher rühren, dass wir nach dem Tod eines Menschen öfter von ihm träumen und unser Bild von ihm nach und nach verblasst. Von hier aus ist es nur noch ein kleiner Schritt zu glauben, dass Verstorbene, auch postmortem handeln können, denn die Verbindung zu ihnen blieb ja in den Träumen bestehen. Die Toten- und Beerdigungsriten in allen Kulturen, die Sagen und Märchen, wo sich die Totengeister durch Nichterfüllung ihres letzten Willens oder bei Störung der Totenruhe herausgefordert fühlen, zeugen von der tiefen Furcht der Lebenden vor den Toten seit jeher. Wenn man nun vermutet, das dieses Grundmuster menschlichen Verhaltens allen Menschen zu eigen ist, muss man fragen durch welche Vorgänge dieses immer wieder in unser Bewusstsein gelangt?

## Spukorte haben nicht immer mit Spuk zu tun

Die Sagenforschung hat unlängst konstatiert, dass tradierte Geistergeschichten über bestimmte zumeist ehemalige heidnische Kultorte, wahrscheinlicher die Geschichte und die vorzeitliche Nutzung jener Ortes codiert wiedergeben, als dass sie tatsächlich dort zu erlebende Spukerscheinungen beschreiben.[193] Das ›Kuh‹ in der Bezeichnung des Kultortes ›Kuhtanz‹ im Geraer Stadtwald bezieht sich eher auf das keltische Wort ›cupi‹ mit dem man damals kultisch umrissene unterirdische Behausungen von Göttern,

Geistern oder Heroen [Man denke an Kaiser Barbarossa im Kyffhäuser] beschrieben hat. Das Sagenfragment mit den tanzenden weißen Kühen bezieht sich eher auf einstmals dort ausgeführte Handlungen, vielleicht in Form von Kulttänzen, als auf tatsächlich dort umgehende ›ortsfeste‹ Gespenster. Im unserer Veröffentlichung ›Mythen und Legenden aus dem alten Gera‹ haben wir mehrere Dutzend solcher Namensbezüge von Flurnamen und dort zu vermutenden einstigen Geschehens konstatiert. Wenn beispielsweise ein bestimmter Typus von vorgeschichtlichen Anlagen nicht den Flurnamen Spitzberg und -wall trägt, so hält die Geschichte von einem dort herumspukenden weißen Spitz die Erinnerung am Leben. Flurnamen, Personenbezeichnungen und Ereignisse verschwimmen oft erinnerungskulturell ineinander. Sind bestimmte Orte seitens der Anwohner und Passanten einmal als Spukorte bekannt, so entwickeln sie eine Eigendynamik und führen zu weiteren Geistererlebnissen zumeist ähnlicher Art. Warum ist das so?

## Epilog

Wie eingangs festgestellt, kann die Wahrnehmung des Menschen durch Furcht, Schrecken oder Befangenheit zu Beobachtungsfehlern neigen. Diese Einschränkung der Wahrnehmung wird zusätzlich durch Missverständnisse verstärkt. Spuk geschieht oft in undefinierten Situationen, die Sicht ist unklar, das Blickfeld häufig eingeschränkt. Statistisch gesehen ist nicht die Mitternachtsstunde die Zeit der Geister, sondern die Abenddämmerung. Die Objekte werfen lange Schatten. Einzelheiten sind schwerer wahrnehmbar. Je diffuser die Beobachtung wird, um so mehr steigt der Interpretationsspielraum.

Je mehr die Genauigkeit der Beobachtung schwindet, umso mehr Identifizierungsmöglichkeiten bieten sich dem Beobachter, je nachdem wie viele Auswahlmöglichkeiten sein Erinnerungsrepertoire besitzt.

Aus der Ufo-Forschung ist bekannt, das die Beobachter jede Lichterscheinung für ein Ufo halten, wenn deren Form ihrer Vorstellung davon entspricht. Im Mittelalter wurden unerklärliche Lichtspektakel häufig als Marienerscheinungen, Engel oder Feuergeister interpretiert. Heute werden sie dagegen für außerirdischen Ursprungs gehalten. Während im Zeitalter der Heißluftballons [um 1800] die Sage den Teufel in einem ballonartigen Gebilde landen lässt, besaßen die unbekannten Flugobjekte zur Zeit der Zeppelinluftschiffe um 1900 schon Zigarrenform. Erst seit dem 2. Weltkrieg wurden die Ufos dann in der uns bekannten Untertassenform gesichtet. Nun gibt es gewisse Urschemen, nach deren Wahrnehmung wir instinktiv handeln. Wir reagieren sofort auf das Mann-, Frau-, Kindchenschema und das mit mehr oder weniger starken Emotionen. Ebenso ist das beim Spuk. Wenn wir nun in einer unklaren Situation ein Subjekt/Objekt als Gespenst identifizieren, konfrontieren wir die Situation sofort mit unseren Urängsten. Furcht, Schrecken und Befangenheit greifen nun ineinander und wir glauben eine paranormale Situation zu erleben. Wir erzählen davon und reihen damit dieses Erlebnis in den öffentlichen Meinungsbildungsprozess über das Geisterproblem ein. Dabei erhalten bzw. erweitern wir die diesbezügliche Tradition. Diese Art von Erlebnissen sind die Wasser, um die Mühlen des Spuks am Laufen zu halten.[194] Parallel dazu läuft eine Art Prozess in Richtung ›Dualität von Struktur[195]‹ ab. Die Individuen müssen sich vor-gefundene Denkstrukturen erst aneignen, um sie schließlich mehr oder weniger verändern zu können. Dies bedeutet: Wir übernehmen bestimmte Ansichten über Geister von den Menschen aus unserem Umfeld oder den Medien. Jedesmal, wenn jemand eine einschlägige Erfahrung macht, vergleicht er sie mit seiner Vorstellung darüber, subsumiert sie darunter oder schmückt sie ein wenig aus, je nachdem wie groß die Abweichung von dieser Vorstellung gewesen ist. Auf diese Weise hält er denn Prozess am Laufen, beeinflusst ihn, passt ihn seiner Vorstellung an. Allerdings bleiben bestimmte Grundstrukturen des Geisterglaubens in unserer Psyche bestehen und nur eine Art variabler Teil verändert sich in dem Maß, wie sich unser Umfeld verändert. Auf diese Weise korreliert, der Geisterglaube auch mit der Kultur, in der er existiert. Nur so erklären sich die qualitativen und quantitativen kulturellen Unterschiede im Geisterglauben zwischen den verschiedenen Zivilisationen. Die Schwäche dieser Theorie besteht lediglich darin, dass die Gemeinsamkeiten der Kulturen bezüglich des Animusmus ebenso durch die – allen Menschen von Grund an eigenen – Urschemen [Archetypen] erklärt werden können.

Allerdings wäre es merkwürdig genug, wenn Geister »und die geheime Welt wirklich existierten. Doch wäre es mindestens genauso merkwürdig, vielleicht noch merkwürdiger, wenn nichts davon existiert hätte, außer in unserer Fantasie.«[196]

Nachdem wir eingehend die vielfaltigen Hinweise auf den Spuk sondiert haben, kommen wir zu folgenden Schlussfolgerungen:

Auch wenn Nachweise für paranormale Aktivitäten schwer zu beschaffen sind, müssen wir davon ausgehen, dass es autonome Handlungsabläufe jenseits unserer Kontrolle gibt, die [1] von den handelnden Personen externalisiert sind, [2] scheinbar intelligent handeln, [3] die Gesetze der Physik dabei zu verletzen scheinen. Der Ursprung der energetischen Quelle, aus der sich diese Aktivitäten speisen, ist unbekannt. Diese Kraft wird durch den menschlichen Geist in irgend einer Form beeinflusst. In dieser Form werden menschliche Wünsche, Begierden und Ängste ausgedrückt.

Die Frage nach der Existenz oder Nichtexistenz paranormaler Phänomene ist für die konkurrierenden Sinnsysteme selbst existenziell. Mit dem Erbringen eines vollständigen Beweises für oder wider das Phänomen würden ganze Glaubenssysteme auseinanderbrechen. Somit verbleibt es jeder Partei selbst, sich weitgehend ideologisch abzugrenzen. Der Spuk ist untrennbarer Teil der Psychologie, bzw. des Sozialverhalten des Menschen. Er ist ein Faktor, wenn auch ein seltener, mit dem man bei der Bewältigung des Alltags rechnen muss. Ein einzelner Fall beeinflusst nicht nur den Akteur und die zwischenmenschlichen Beziehungen vor Ort, sondern kann schlimmstenfalls innerhalb der Gesellschaft weite Kreise ziehen. Der Spuk wird, wie alle anderen paranormalen Phänome auch, von der Gesellschaft tabuisiert, in einschlägigen Subkulturen jedoch umso heftiger diskutiert.

Die Gesellschaft erfüllt damit gegenüber ihren Mitgliedern eine gewisse Schutzfunktion. Sie hält die Bewältigung des Alltags in Gang, indem sie die Menschen daran hindert, sich auf Abwege in den transzendentalen Bereich zu begeben. Dennoch ist die Toleranz gegenüber dem Paranormalen intra-kulturell verschieden, je nachdem welchen Nutzen er den Gläubigen bietet und wessen Interessen mit dieser Ideologie verbunden sind.

Auf die Frage: ›Was ist ein Geist?‹ hat der britische Schriftsteller Salman Rushdie in seinem Buch ›Satanische Verse‹ folgende Antwort gegeben: ›Eine Sache, die nicht zu Ende gebracht wurde.‹[197] Demnach sind alle Geister Produkte unerledigter seelischer Aufgaben und jeder von uns schleppt welche mit sich herum. Dieser Hinweis könnte abschließend die Frage beantworten, warum jeder von uns, ganz gleich ob Skeptiker oder nicht, ein bisschen Angst vor ihnen hat. ›Geister sind die chaotischen Gestalten aus einer verborgenen Wirklichkeit.‹ Sie sind die ›Monster aus unseren Kindertagen und damit nichts anderes als der Ausdruck für einen seelischen Abgrund.‹[198]

# Glossar

**Affektion** – Erregung, Reizung

**anarchisch** – politische Lehre, die jede staatliche Ordnung ablehnt und das menschliche Zusammenleben nur vom Willen und der Einsicht des Einzelnen bestimmt wissen will

**Animismus** – bis in präreligiöse Zeiten zurückreichendes Weltbild, das die Beseeltheit der Natur und die Existenz von Geistern postuliert

**Anthropologie** – Wissenschaft vom Menschen, seiner Abstammung und den verschiedenen Menschenrassen

**Anthroposophie** – von Rudolf Steiner begründete Lehre vom Menschen und seiner Beziehung zur übersinnlichen Welt

**apokryphe Schriften** – biblische Schriften, die keinen Eingang in den allgemeinen Kanon der Heiligen Schrift gefunden haben

**Atheismus** – Weltanschauung, die auf der Verneinung der Existenz Gottes beruht

**Aura** – feinstoffliche Strahlenerscheinungen, die einen Menschen umgeben

**Chakra** – (Sanskrit: Rad): esoterischer Fachbegriff für die feinstofflichen Energiezentren des Astralleibs, welche den physischen Körper mit Leben versorgen

**Diskontinuität** – zeitlich und räumlich unterbrochener Zusammenhang

**Dissoziation** – Trennung, Zerstreuung, Auflösung von im Bewußsein zusammenhängenden Vorstellungen

**Dualität** – hier Wechselseitigkeit

**EDV** – Elektronische Datenverarbeitung

**endogen** – von innen kommend

**Epilepsie** – Fallsucht, zeitweilig auftretende Krämpfe am ganzen Körper verbunden mit Bewusstlosigkeit

**Esoterik** – ursprünglich nur für Eingeweihte zugängliche Geheimlehre, heute als Synonym für alle an den Rand gedrängten von der Schulwissenschaft nicht bedienten Wissensbereiche gebraucht

**evident** – augenscheinlich, offenkundig

**explizit** – ausdrücklich

**externalisierten** – nach außen verlagern

**Fokus** – Brennpunkt

**Geomantie** – Erdwahrsagung [siehe Radiästhesie]

**Habitus** – (lat. Haltung, Erscheinungsbild): Gesamtheit aller individuellen Eigenschaften aus der sich eine menschliche Persönlichkeit zusammensetzt verbunden mit deren Vorlieben und Abneigungen, Prägungen und Konditionierungen, welche sie im Laufe ihres Wertegangs sich angeeignet hat oder diesen unterworfen wurde

**Halluzination** – Sinnestäuschung

**Ideologie** – Gesamtheit der Anschauungen und des Denkens einer bestimmte gesellschaftlichen Schicht, oft auch für politische oder religiöse
Richtung gebraucht

**imaginär** – eingebildet, nur in der Vorstellung bestehend

**implizit** – einschließlich

**Imprägnation** – Einprägung, Eindringen

**Kabala** – jenseits der Thora angesiedelte mystische jüdische Geheimlehre

**Karma** – (Sankrit: Tat): Glaube, dass das Schicksal des Menschen nach dem Tode von seinen Taten in seinem letztvergangenen und seinen früheren Leben abhängen würde

**Kausalprinzip** – Prinzip von Ursache und Wirkung

**Kollektives Unbewusstes** – ursprünglich von Carl Gustav Jung postuliertes Metafeld mit kulturanthropologischen Inhalten, welches mit dem individuellen Unbewussten jedes Menschen verbunden ist. Siehe auch: Morphogenetische Felder

**Kontinuität** – zeitlich und räumlich ununterbrochener Zusammenhang

**Kontinuum** – das ununterbrochen fortlaufende

**Korrelation** – Wechselbeziehung

**Kosmologie** – Lehre von der Entstehung, Entwicklung und des Zustands des Kosmos

**Kybernetik** – Wissenschaft von belebten und unbelebten dynamischen Systemen und deren Ineinanderwirken

**Medium** – Mittlerperson, die angeblich in der Lage ist, Botschaften aus der Geisterwelt zu übermitteln

**Metaphysik** – Lehre von den letzten nicht erfahrbaren und erkennbaren und Zusammenhängen des Seins

**Moment** – hier: Wirkung einer Kraft

**Morphogenetisches Feld** – Von dem Zeltbiologen Rupert Sheldrake für jede Gattung von Lebewesen postuliertes Metafeld, welches frei von Materie und Energie ist und über Raum und Zeit  wirkend, die gesamte belebte und unbelebte Schöpfung steuert

**New-Age** – der vermeintlichen ›Krise der Moderne‹ entgegenwirken wollendes neues, ganzheitliches und spirituelles Denken und Handeln in Erwartung des Heranbrechens eines Neuen Zeitalters [Wassermannzeitalter]

**Nirvana** – nach buddhistischem Glauben Zustand völliger Seelenruhe, verbunden mit dem Erlöschen aller Lebenstriebe, bei gleichzeitiger Weltabkehr, Loslösung vom Kreislauf der Wiedergeburten

**okkult** –geheim, verborgen

**orthodox** – rechtgläubig, strenggläubig

**par excellence** – vorzugsweise, in besonderem Maße

**Parapsychologie** – Teilgebiet der Psychologie, das die außersinnlichen (okkulten) Erscheinungen untersucht

**Pentagramm** – Stern mit fünf Zacken, der in einem Zug gezeichnet werden kann

**Pluralismus** – Anschauung , wonach die Wirklichkeit aus vielen selbstständigen Wesen besteht

**Pneuma** – im 19. Jahrhundert von Forschern Mitteleuropa geprägter Begriff für ›Prana‹

**Positivismus** – Lehre die nur auf dem Gegebenen und Tatsächlichen beruht und metaphysische Erörterungen aller Art ablehnend gegenübersteht

**postmortem** – dem Tod nachfolgend

**postulieren** – behaupten

**Prana** – feinstffliche Lebensenergie

**profan** – weltlich, alltäglich

**PSI-Kräfte** – metaphysische Ursachen für übersinnliche und psychokinetische Fähigkeiten

**Psyche** – Seele, seelisch-geistiges Leben

**Psychoanalyse** – Methode zur Heilung psychischer Krankheiten

**Psychokinese** – physikalisch nicht erklärbare mechanische Einwirkung auf Menschen und Gegenstände

**Psychologie** – Wissenschaft vom Seelenleben

**Psychose** – ein bestimmtes Subsurium mittlerer und schwererer seelischer Erkrankungen

**Psychosomatik** – Lehre von den Beziehungen zwischen Seele und Körper

**Radiästhesie** – Strahlenwahrnehmung von Wasser, Erzen, u.a.

**Rationalismus** – Auffassung, daß die Welt von logisch berechenbarer Beschaffenheit sei

**Schamane** – Person, die in Ekstase Kontakt mit Verstorbenen und Geistern aufnimmt, um etwas zum Wohle der Stammesgemeinschaft zu bewirken

**Schizophrenie** – endogene Psychose, welche oft mit einem völligen Auseinanderfallen der inneren seelischen Zusammenhänge von Wollen, Fühlen und Denken und mit einer Entfremdung des eigenen Ichs bis hin zur Persönlichkeitsspaltung verbunden ist

**Soziologie** – Gesellschaftslehre, Wissenschaft von den Formen des menschlichen Zusammenlebens und den dadurch hervorgerufenen Verhaltensweisen

**Spiritismus** – Glaube an Geister und an den möglichen Kontakt mit ihnen

**Spiritualität** – Weltanschauung, wonach der Geist das einzig Wirkliche und der Körper nur eine Erscheinungsform des Geistes sei

**Struktur** – Menge der Relationen, die die Elemente eines Systems miteinander verbindet und zusammenfügt

**Subkultur** – Kultur einer Gruppe innerhalb eines größeren Kulturbereichs, die oftmals im bewußten Gegensatz zu diesem entstanden ist

**Suggestion** – seelische Beeinflussung, Übertragung des eigenen Willens auf eine andere Person

**tabuisieren** – etwas für ›verboten, unantastbar, heilig‹ erklären, aber auch für etwas, über das nicht gesprochen werden darf

**Theosophie** – Lehre vom unmittelbaren Erschauen und Erkennen des göttlichen absoluten Urgrundes allen Seins, Werden und Vergehens

**transzendental** – die Grenzen der Erfahrung und der sinnlich wahrnehmbaren Welt überschreitend

**Ufo** – unbekanntes Flugobjekt

**Unterbewußtsein** – Tiefen des menschlichen Psyche der darin gespeicherten Erinnerung, wohin das Tagesbewußtsein keinen Zugang hat

**verifizieren** – die Wahrheit nachweisen

# Literaturliste

-**Ariés**, Philippe: Geschichte des Todes, München 1982.

-**Beck**, Dieter: Krankheit als Selbstheilung – Wie körperliche Krankheiten ein Versuch zu seelischer Heilung sein können, Frankfurt/M. 1981.

-**Bender**, Hans in: Zeitschrift für Parapsychologie 2 (1958), S. 7ff..

-**Berger**, Peter; Luckmann, Thomas: Die gesellschaftliche Konstruktion der Wirklichkeit, Frankfurt/M. 1987.

-**Berner**, Rudi: Auf ein Wort. Eine Reise zum Gipfel der Philosophie, in: zurwahrheit.de.

-**Blöthner**, Alexander: Sagenhafte Wanderungen zu Magischen Orten in Leipzig und Umgebung, Plothen 2011.

-**Derselbe**: Sagengestalten in der Volksüberlieferung des Orlagaues, 2009.

-**Brooks**, John: Die Geister Großbritanniens – Führer zu 1.000 Spukorten, Freiburg i.Br. 1995.

-**Brückner**, G.: Landeskunde des Fürstenthums Reuß jüngerer Linie, Gera 1870.

-**Bund für Heimatschutz** (Landesverein Reuß), Kunstverein Gera e.V., Museum des Geraer Geschichtsvereins (Hg.): Heimatblätter 1909-194X.

-**Capra**, Friedjof: Das Tao der Physik, Wien 1991.

-**Dimde**, Manfred: Die Heilkraft der Kirchen, München 2001.

-**Durkheim**, Emile: Der Selbstmord, Frankfurt/M. 1993 (187X).

-**Elias**, Norbert; Scotson, John L.: Etablierte und Außenseiter, Frankfurt/M. 1990.

-**Derselbe**: Über den Prozess der Zivilisation, Bd. 2. Frankfurt/M. 1976.

-**Eisel**, Robert: Die Sagen des Voigtlandes, Gera 1871.

-**Fischer**, Theo: Wu Wei – Die Lebenskunst des Tao, ohne Ort 1991.

-**Fosar**, u.a.: Dunkle Materie verbindet Geist und Stoff – Kosmisches Informationsfeld erstmals fotografiert, in: Raum und Zeit 147 (2007), S. 74-80.

-**Franke**, Emil: Die Flur des Dorfes Naulitz – Ein altgermanischer Heiliger Hain?, in: Heimatblätter, Jg. 13 (1926), Bl. 6.

-**Geiling**, Jürgen: Langenberg – Beiträge zur Geschichte, Gera 2009.

-**Greß**, Kurt; Störzner, F. B. (Hg.): Herzog Christian von Eisenberg und seine Geister, in: Holzlandsagen – Sagen, Märchen und Geschichten aus den Vorbergen des Thüringer Waldes, Leipzig 1869.

-**Grimm**, Jacob und Wilhelm: Deutsches Wörterbuch, Bd. 17, München 1991.

-**Giddens**, Anthony: Die Klassenstruktur fortgeschrittener Gesellschaften, Frankfurt/M. 1984.

-**Derselbe**: Die Konstitution der Gesellschaft, Frankfurt/M. 1992.

-**Heinecke**, Paul: Erzähltes und Verbrieftes – Aus Geschichte und Sage im Raum Eisenberg, Leipzig 1983.

-**Herz**, Hans: Regierende Fürsten und Landesregierungen in Thüringen 1485-1952, Erfurt 1999.

-**Hetzer**, Eberhard: Das obere Orlagau um Triptis – Aus Geschichte und Verwaltung, in: Heimatjahrbuch des Saale-Orla-Kreises 2008.

-**Huessmann**, Magarete; Schriever, Friederike: Steckbrief des Spuks, in: Zeitschrift für Parapsychologie 31/1 (1989), S. 88-113.

-**Jaffé**, Aniela: Geistererscheinungen und Vorzeichen, Zürich 1958.

-**Köhler**, Johann, August, Ernst: Volksbrauch, Aberglauben und andere alte

Überlieferungen im Voigtlande, Leipzig 1867.

-**Kretschmer**, Ernst Paul: Ein Prozeß über Geisterbeschwörung und Schatz-gräberei in Gera, in: Heimatblätter, Jg. 13 (1926), Bl. 7f., S. 119-121.

-**Lauschner**, Antje, dpa: Zauberbücher und andere faustische ›Höllenzwänge‹. Herzogin-Anna-Amalia Bibliothek in Weimar besitzt eine der umfangreichsten Sammlungen der Welt zum ›Faust‹-Thema, in Ostthüringer Zeitung, o. Nr..

-**Lehmann**, Alfred: Aberglaube und Zauberei – Von den ältesten Zeiten an bis in die Gegenwart, Wien 1927.

-**Lucadou**, Walter von, u.a.: Geister sind auch nur Menschen, Freiburg i.Br. 1996.

-**Marsden**, Simon: Im Reich der Geister – Eine Reise zu den mysteriösen Orten auf den britischen Inseln, Freiburg i.Br. 1995.

-**Mogk**, Eugen: Der Ursprung der mittelalterlichen Sühnekreuze, in: Berichte über Verhandlungen der Sächsischen Akademie der Wissenschaften, Philoso-phisch-Historische Klasse, Band 81 (1929), Heft 1.

-**Moser**, Fanny: Spuk – Rätsel der Menschheit, Zürich 1950.

-**Mues**, Siegfried: Die Straßennamen der Stadt Gera von A bis Z – Ihre Ge-schichte und Geschichten, Gera 2006.

-**Parese**, Amando: Handbuch der Parapsychologie, Augsburg 1992.

-**Puhle**, Annekatrin: Zwerge – Begegnungen und Erlebnisse mit dem kleinen Volk, Grafing 2010.

-**N.N.**: Wir wollen nur Deine Seele – Rockszene und Okkultismus, Bielefeld 1984.

-**Pirsig**, Robert M.: Zen und die Kunst ein Motorad zu warten, Frankfurt/M. 1978.

-**Pohlen**, Manfred: Knebel für die Triebe, in: Der Spiegel 37 (09.09.2002), S. 156f..

-**Resch-Rauter**, Inge: Auf den Spuren der Druiden – Landschaft und Steine, Festtagsbräuche und Märchen als Zeugen einer großen europäischen Vergan-genheit, Wien 2006.

-**Risi**, Armin: Das Vedische Universum, 3 Bände, Basel 1997.

-**Scheppach**, Josef: Geister und Gespenster, in: PM-Perspektive 2/67 (2002), S. 94.

-**Sheldrake**, Rupert: Das schöpferische Universum – Die Theorie des morpho-genetischen Feldes, 1983.

-**Simmel**, Johannes, Mario: Donnerstag, 8. April 1982, 22 Uhr 50, in: Holbe, Rainer (Hg.): Unglaubliche Geschichten, München 1985, S. 275-278.

-**Stetiger**, Horst: Der okkulte Alltag – Beschreibungen und wissenssoziologische Deutungen des ›New Age‹, in: Zeitschrift für Soziologie 18 (1989), S. 119-135.

-**Sui**, Choa Kok: Energetischer Selbstschutz. Psychische Immunstärke gegen bewusste und unbewusste Übergriffe, München 2001, S. 17ff..

-**Swedenborg**, Emanuel, Himmel und Hölle, o. O., 17XX.

-**Lausch**, Annemarie u. Reinhard: Sanftes Sterben – Was der Tod für das Leben bedeutet, Hamburg 1985.

-**Vyasadeva**: Śrimad Bhagavatam (übersetzt aus dem Sanskrit und kommen-tiert von Śrila Prahupada), Vaduz 1984.

-**Weber**, Max: Die protestantische Ethik und der Geist des Kapitalismus, Vollständige Ausgabe. (Hg. und eingeleitet von D. Kaesler), München 2006 (1897).

-**Wiesendanger**, Harald: Zwischen Wissenschaft und Aberglaube, Frankfurt/M. 1989.

-Paramahamsa **Yogananda**: Autobiographie eines Yogi, Weilheim 1952.

# QUELLENNACHWEISE

[1] Vgl. Robert Eisel: Die Sagen des Voigtlandes, Gera, 1871, Nr. 125, 218

[2] Vgl. ebenda, Nr. 32, 147, 370

[3] Vgl. ebenda, Nr. 338, 609; Siegfried Mues: Die Straßennamen der Stadt Gera von A bis Z – Ihre Geschichte und Geschichten, Gera 2006, S. 57

[4] Vgl. Georg Martin Brückner: Landeskunde des Fürstenthums Reuß jüngerer Linie, Gera 1870, S. 447; Eisel, Nr. 364, 601, 629

[5] Vgl. Eisel, Nr. 132, 322, 385

[6] Vgl. ebenda, Nr. 147, 275

[7] Vgl. Brückner, S. 447; Eisel, Nr. 254

[8] Vgl. Ernst Paul Kretschmer: Ein Prozess über Geisterbeschwörung und Schatzgräberei in Gera, in: Bund für Heimatschutz (Landesverein Reuß), Kunstverein Gera e.V., Museum des Geraer Geschichtsvereins (Hg.): Heimatblätter, Jg. 13 (1926), Bl. 7f., S. 119-121

[9] Vgl. Johann August E. Köhler: Volksbrauch, Aberglauben und andere Überlieferungen im Voigtlande, Leipzig 1867, S. 527; Eisel, Nr. 157, 166, 174, 191, 196, 221, 222, 241, 246, 249, 275, 281, 326, 371, 606, 608, 614, 746

[10] Eisel, Nr. 281

[11] Vgl. ebenda, Nr. 378

[12] Vgl. ebenda, Nr. 338

[13] Vgl. ebenda, Nr. 378, 387

[14] Ebenda, Nr. 601

[15] Ebenda, Nr. 360

[16] Ebenda, Nr. 338

[17] Vgl. ebenda, Nr. 135; Emil Franke: Die Flur des Dorfes Naulitz – Ein altgermanischer Heiliger Hain, in: Heimatblätter, Jg. 13 (1926), Bl. 6

[18] Eisel, Nr. 158

[19] Ebenda, Nr. 139

[20] Ebenda, Nr. 138

[21] Vgl. ebenda, Nr. 227

[22] Vgl. ebenda, Nr. 384, 747

[23] Ebenda, Nr. 501

[24] Vgl. ebenda, Nr. 558

[25] Vgl. ebenda, Nr. 606

[26] Vgl. ebenda, Nr. 610

[27] Ebenda, Nr. 159

[28] Vgl. ebenda, Nr. 112

[29] Ebenda, Nr. 495

[30] Ebenda, Nr. 120, 193, 280

[31] Vgl. ebenda, Nr. 609

[32] Ebenda, Nr. 153, 160, 181, 608

[33] Ebenda, Nr. 135, 174, 625

[34] Ebenda, Nr. 236

[35] Vgl. ebenda, Nr. 144, 276, 347, 357, 557, 533, 675

[36] Ebenda, Nr. 345

[37] Vgl. ebenda, Nr. 140

[38] Ebenda, Nr. 127

[39] Vgl. Brückner, S. 476; Eisel 1871, Nr. 319

[40] Vgl. Eisel, Nr. 149

[41] Vgl. Eugen Mogk: Der Ursprung der mittelalterlichen Sühnekreuze, in: Berichte über Verhandlungen der Sächsischen Akademie der Wissenschaften, Philosophisch-Historische Klasse, Band 81 (1929)

[42] Eisel, Nr. 97

[43] Vgl. ebenda, Nr. 60, 66, 196, 230, 364, 843
[44] Paul Heinecke: Erzähltes und Verbrieftes – Aus Geschichte und Sage im Raum Eisenberg, Leipzig 1983, S. 54
[45] Kurt Greß, F. B. Störzner (Hg.): Herzog Christian von Eisenberg und seine Geister, in: Holzlandsagen – Sagen, Märchen und Geschichten aus den Vorbergen des Thüringer Waldes, Leipzig 1869
[46] Eisel, Nr. 213
[47] Heinecke 1983, S. 68
[48] Ebenda, S. 72f.
[49] Ebenda, S. 76
[50] Ebenda, S. 77
[51] Ebenda, S. 66
[52] Ebenda
[53] Eisel 1871, Nr. 200
[54] Ebenda, Nr. 201
[55] Vgl. ebenda, Nr. 255, 277
[56] Vgl. Hans Herz: Regierende Fürsten und Landesregierungen in Thüringen 1485-1952, Erfurt 1999; Eberhard Hetzer: Das obere Orlagau um Triptis – Aus Geschichte und Verwaltung, in: Heimatjahrbuch Saale-Orla-Kreis 2008
[57] Eisel, Nr. 618, 622
[58] Ebenda, Nr. 273
[59] Ebenda, Nr. 610, 622
[60] Ebenda, Nr. 207
[61] Vgl. Brückner, S. 525; Eisel, Nr. 371, 637, 726
[62] Vgl. Eisel, Nr. 64, 66, 71, 160, 452
[63] Ebenda, Nr. 225
[64] Ebenda, Nr. 434
[65] Vgl. ebenda, Nr. 165, 364, 388, 459
[66] Vgl. ebenda, Nr. 186, 609
[67] Ebenda, Nr. 473
[68] Vgl. ebenda, Nr. 173, 468, 961
[69] Ebenda, Nr. 621
[70] Ebenda, Nr. 179
[71] Vgl. ebenda, Nr. 157, 246, 601, 611, 615
[72] Vgl. Eisel, Nr. 178
[73] Vgl. ebenda, Nr. 364, 608; Jürgen Geiling: Langenberg – Beiträge zur Geschichte, Gera 2009
[74] Vgl. Alexander Blöthner: Sagenhafte Wanderungen zu Magischen Orten in Leipzig und Umgebung, Band 1, Plothen 2011, S. 286-293
[75] Vgl. Eisel, Nr. 523, 562; Brückner, S. 515
[76] Eisel, Nr. 223
[77] Vgl. Antje Lauschner, dpa: Zauberbücher und andere faustische ›Höllenzwänge‹. Herzogin-Anna-Amalia Bibliothek in Weimar besitzt eine der umfangreichsten Sammlungen der Welt zum ›Faust‹-Thema, in Ostthüringer Zeitung, o. Nr.
[78] Vgl. Eisel, Nr. 522f.
[79] Vgl. ebenda, Nr. 9
[80] Vgl. Arnando Parese: Handbuch der Parapsychologie, Augsburg 1992, S. 652
[81] Walter von Lucadou u.a.: Geister sind auch nur Menschen, Freiburg i.Br. 1996, S. 32ff.
[82] Eine bemerkenswerte **Widerlegung** dieses zur Zeit grundlegenden Wissenschaftsprinzips stellt folgendes Buch dar: Robert M. Pirsig: Zen und die Kunst ein Motorad zu warten, Frankfurt/M., 1978
[83] Vgl. Jacob und Wilhelm Grimm: Deutsches Wörterbuch, Bd. 17, München 1991, S. 211-217
[84] Vgl. Zitate von Eberhard Bauer in: Lucadou, S. 56, 66

[85] Vgl. Lucadou, S. 43

[86] Vgl. Aubeck, S. 52

[87] Über **Steinregen** existieren etliche Berichte aus fast allen Kulturen. Erwähnt sei der Fall des Poltergeistes von Gröben (bei Jena) aus dem 18. Jahrhundert: Dort wurde ein Pfarrhaus auf verheerende Weise mit Steinen beworfen. Zuerst war das Dach betroffen, dann drangen die Steine ins Haus und zerstörten die Einrichtung. Die Steine absolvierten eine Laufbahn jenseits jeder Ballistik, drangen durch Wände, bzw. schienen sich aus dem Nichts zu materialisieren. Die Erscheinungen hielten jahrelang an. Wissenschaftler der benachbarten Universität Jena versuchten im einer Wulst von Pamphleten das Phänomen wissenschaftlich zu erklären. Am Ende wurde das Pfarrhaus niedergerissen, die Familie umgesiedelt. Erst dann endete der Spuk.

[88] Vgl. Magarete Huessmann, Friederike Schriever: Steckbrief des Spuks, in: Zeitschrift für Parapsychologie 31/1 (1989), S.88-113

[89] Vgl. Lucadou, S. 39f.

[90] Vgl. ebenda, S 108

[91] Vgl. ebenda, S. 64f.

[92] Im **Alten Testament** erscheinen Geister vor allein um dem unglücklichen und krisengeschüttelten Hiob; Vgl. A.T. Hiob 4, 14ff.

[93] Vgl. Lucadou, S. 65

[94] Vgl Aubeck, S. 147; Vgl. Hans Bender, in: Zeitschrift für Parapsychologie 2 (1958), S. 7ff.; Vgl. Fanny Moser: Spuk – Rätsel der Menschheit, Zürich 1950

[95] Vgl. Lucadou, S. 60f.

[96] Vgl. ebenda, S. 39f.

[97] Ebenda, S. 43; Indem die **Parapsychologie** jene fernöstlichen Heilslehren – wonach der Geist die Materie beeinflussen könne – heranzieht, gerät sie in Widerspruch zu den ›Naturwissenschaften‹.

[98] Vgl. ebenda, S. 39f..

[99] Vgl. ebenda, S.49.

[100] Vgl. Eberhard Bauer, in: Lucadou, S. 56.

[101] Vgl. Norbert Elias: Über den Prozess der Zivilisation, Band 2, Frankfurt/Main 1976, S. 339f.

[102] Vgl. William G. Roll, zitiert bei Lucadou, S. 93.

[103] Dabei unterscheidet sich das **Krankheitsbild** im Wesentlichen von dem der Schizophrenie sowie dem der ›multiplen Persönlichkeiten‹. Hier setzt die Kritik der Parapsychologie an der Schulpsychiatrie an, wonach diese das Krankheitsbild ignoriere und auch ansonsten Patienten, die über Stimmen und Halluzinationen klagten, nicht ernst nähmen und ohne nähere Tuchfühlung mit dem Patienten gleich zur Verschreibung von starken Psychopharmakas schritte. (Vgl. Lucadou, S. 139)

[104] Vgl. Ebenda, S. 124; Dabei wird ein **Kontrollgeist** geschaffen, der den Kontakt mit den Toten aufrechterhält.

[105] Vgl. Lucadou, S. 139

[106] Vgl. Aubeck, S. 146

[107] Vgl. Alfred Lehmann: Aberglaube und Zauberei – Von den ältesten Zeiten an bis in die Gegenwart, Wien 1927, S. 253-259

[108] Bei **Betroffenen** in Abhängigkeitsverhältnissen oder in Situationen, wo Hoffnung eine große Rolle spielt, tritt eine statistische Häufung auf.

[109] Vgl. Lucadou, S. 91f., 95

[110] Mit dem **Zuschauer** ist es so eine Sache. Es heißt, wenn kein Zuhörer vorhanden sei, würde ein im Wald umstürzender Baum kein Geräusch erzeugen. Das bedeutet: Ohne Beobachter finden keine Prozesse statt, passiert überhaupt nichts. (Vgl. Theo Fischer: Wu Wei – Die Lebenskunst des Tao, o. O., 1991)

[111] Vgl. Bozzano bei Parese, S. 65

[112] Vgl. Simon Marsden: Im Reich der Geister – Eine Reise zu den mysteriösen Orten auf den britischen Inseln, Freiburg i.Br. 1995, S. 8

[113] Viele **Volkssagen** spielen auf diesen Umstand an, wonach etwa ein Wanderer auf einen Feld plötzlich ein hell erleuchtetes Schloss sieht, darin herumwandelt und den Alltag einer zurückliegenden Vergangenheit betrachtet. Dabei verschwindet alles sofort wieder, sobald er sich der ›Nichtrealität‹ seines Gesichts bewusst wird. Allerdings werden in den Sagen größtenteils profane unspektakuläre Dinge auf diese Weise erlebt. Auch das Verschwinden von Personen oder Schiffen, etwa im Bermudadreieck wird damit erklärt. (Wobei man der These das überdurchschnittliche Verkehrsaufkommen in diesen Gewässern und die somit höhere Wahrscheinlichkeit eines Verlusts entgegenhalten muss.)

[114] »Kirchen mit tausend Jahre alter Vorgeschichte weisen verschiedenartige radiästhetisch signifikante Zonen bzw. deren Überlagerungen und Kreuzungen auf. Der Radiästesist identifiziert diese als ›positive Gesamtpolung‹ bzw. als rechtsdrehende Gesamtpolarität, die überwiegend oder sogar ausschließlich vorhanden ist.« ( Manfred Dimde: Die Heilkraft der Kirchen, München, 2001, S. 64)

[115] Darum dominieren hier auch negative **Emotionen**, wie Weinen und Schreien das Geschehen.

[116] So müssen **Mörder**, Diebe, korrupte Beamte oder ungerechte Richter nach ihrem Tod ›umgehen‹, wie wir aus den Volkssagen wissen.

[117] Darunter fallen **Burgen** wie das ›Plas Teg‹ in Wales, wo in den Decken der Gebäude Holzbalken alter Schilfe eingesetzt wurden oder das ›Leap Castle‹ in Irland, wo in alter Zeit massenweise Verbrechen verübt worden sind. (Vgl. Marsden, S. 8)

[118] Dem **Einwand** kann mit der Erdkrafttheorie begegnet werden.

[119] Vgl. Parese, S. 66

[120] I. Owen u.a.: Eine Gruppe erzeugt Philipp – Das Abenteuer einer kollektiven Geisterbeschwörung, Freiburg i.Br. 1979

[121] Vgl. Parese, S. 62

[122] **Simmel** berichtet über ein ähnliches Erlebnis. (Vgl. Johannes Mario Simmel: Donnerstag, 8. April 1982, 22 Uhr 50, in: Rainer Holbe (Hg.): Unglaubliche Geschichten, München 1985, S. 275-278)

[123] Vgl. Marsden, S. 8

[124] Vgl. Erlendurs Tests mit 300 Personen, in: Lucadou, S. 101

[125] Ein **Grund** dafür, warum alles was mit der Trauer um einen Verstorbenen zu tun hat – von den Begräbniszeremonien bis zum ›Trauerjahr‹ – kaum einen Wandel erfährt, besteht darin, dass Trauernde offensichtlich Schwierigkeiten haben mit dem Alltag fortzufahren und sich demzufolge oft auf Routinen und Rituale stützen. (Vgl. Philippe Ariés: Geschichte des Todes, München 1982)

[126] Theo Fischer: Fluchtweg Religion, in: Ders.: Das Tao der Selbstfindung, Güllesheim 2001, S. 83

[127] Vgl. ebenda, S. 81-91

[128] Vgl. Parese, S. 62

[129] N.N.: Die doppelte Lehrerin – Mademoiselle Sagées praktische, aber auch hinderliche Fähigkeit, in: Unglaublich aber wahr – Erstaunliche Tatsachen und merkwürdige Begebenheiten aus aller Welt, Stuttgart u.a., 1989, S. 406

[130] Vgl. Aubeck, S. 72

[131] Vgl. Paramahamsa Yogananda: Autobiographie eines Yogi, Weilheim 1952

[132] Vgl. die Diskussion über sogenannte **Stirnlappenepilektiker** mit der die Schulwissenschaft nachweisen wollte, dass mystische bzw. ekstatische Erlebniszustände spiritueller Menschen allein durch die Fehlfunktion dieser Hirnpartie hervorgerufen würden und Mystiker eben keinen besonderen Draht zu Gott hätten, sondern schlichtweg ›verrückt‹ seien.

[133] Vergleiche die Theorie der **morphogenetischen Felder** des britischen Biologen Rupert Sheldrake bzw. neue Erkenntnisse der Quantenphysik, wonach in der geheimnisvollen Dunklen Materie nicht nur ein subtiles Trägermedium für Quantenwellen, sondern auch eine Informationsmatrix für die Verbindung von Geist und Materie gesehen wird. (Rupert Sheldrake: Das schöpferische Universum – Die Theorie des morphogenetischen Feldes, 1983; Fosar, u.a.: Dunkle Materie verbindet Geist und Stoff – Kosmisches Informationsfeld erstmals fotografiert,

in: Raum und Zeit 147 (2007), S. 74-80

[134] Vgl. Jung, zitiert bei Aubeck, S. 143ff.

[135] Vgl. Aubeck, S. 120f.

[136] Vgl. Parese, S. 68

[137] ›Das Alter der in den Veden niedergelegten Lehre wird nach den in denselben enthaltenen astrologischen Angaben auf mindestens 25.000 Jahre geschätzt.‹ (Franz Hartmann: Die Bhagavad Gita – Das Lied von der Gottheit oder die Lehre vom göttlichen Sein und von der Unsterblichkeit, Leipzig 1907, S. VII.). Dem Umstand, dass es eine Hochkultur vor dem Beginn der uns bekannten Geschichte gegeben haben mag, kann wiederum die akademische Geschichtswissenschaft nicht nachvollziehen. Sie schätzt das Alter der Veden nach den ältesten erhaltenen Schriften, bzw. phiologologischen Mutmaßungen auf 2.000, allerhöchstens 3.000 Jahre.

[138] Vgl. Aubeck, S. 181ff.

[139] Vgl. Šrimad Bhagavatam, übersetzt aus dem Sanskrit und kommentiert von Šrila Prahupada

[140] Harald Wiesendanger: Zwischen Wissenschaft und Aberglaube, Frankfurt/ M. 1989, S. 17-53

[141] Alfred **Lehmann**, dessen Lebenswerk darin bestand, das Paranormale ›ad absurdum‹ zu führen, berichtet von dem Fall eines Bibliotheknutzers, der einen kurzen Blick auf das in einer seltenen Fremdsprache geschriebene Buch seines Sitznachbarn geworfen hatte und kurz darauf während einer Rückführung mittels dieser Sprache unbewusst ein früheres Leben ›(re)konstruieren‹ konnte.

[142] Die **Esoteriker** gehen mit diesem durchaus berechtigten Einwand virtuos um. Sie postulierern die Existenz von Teilinkarnationen, wonach sich insbesondere ›große‹ oder ›bedeutende‹ Seelen sozusagen aufspalten könnten um sogenannte Teilinkarnationen zu bilden, wonach es einerseits mehreren Seelen möglich wird, einmal das ›Leben‹ eines Cäsars oder einer Kleopatra führen zu können. Andererseits ist der Buddhismus dem Glauben verhaftet, dass sich die Seelen großer Weiser zu Zeiten mit den Seelenanteilen Normalsterblicher verbinden, um diese bei deren geistiger Entwicklung zu unterstützen.

[143] Die **Schulwissenschaft** tut das mit dem Hinweis ab, dass sich Tunnelerlebnis und Lichtblick aus jener optischen Täuschung ergeben würden, welche sich ergibt, wenn die Tätigkeit der Lichtzellen auf der Netzhaut aufhört und es ›wie zu letztem Blitzen‹ käme.

[144] Die Psychologie/Makrosoziologie beschreibt zwei **Persönlichkeitsanteile**: Das (I) beschreibt unser eigenes ›Ich‹ ansich. Das (Me) = ›Mich‹ ist die Vorstellung des (I) davon, was es in den Augen der anderen ist, bzw. sein möchte.

[145] Manche **Betroffenen** haben erlebt, wie sich ihr bisheriges Leben in Momentaufnahmen abgespult hat. Wenige kamen darüberhinaus und geben an, Eindrück aus mehreren Leben erfahren zu haben.

[146] Vgl. Annemarie u. Reinhard Tausch: Sanftes Sterben – Was der Tod für das Leben bedeutet, Hamburg 1985, S. 294-316

[147] Vgl. Emanuel Swedenborg: Himmel und Hölle, 17XX

[148] Symptomatisch für diese **Denkweise** ist der Umstand, dass vor wenigen Jahren alle Pflanzen aus dem Heilkräuterindex gestrichen worden sind, bei denen keine chemischen Substanzen entdeckt werden konnten, mit denen man eine Heilwirkung hätte erklären können.

[149] Norbert Elias, John L. Scotson: Etablierte und Außenseiter, Frankfurt, 1990, S. 7-57

[150] Colin Wilson, zitiert in: Josef Schepach: Geister und Gespenster, in: PM 2/67 (2002), S. 94

[151] In den teils Jahrtausende alten **vedischen Schriften** können Beschreibungen zum Aufbau des Universums, zur Beschaffenheit der Materie, zum kosmischen Tanz der Elemenetarteilchen nachgelesen werden, wie die Physik sie erst in der Gegenwart bestätigen konnte. Man sagt, gegenüber der unüberschaubaren Datenstrom dieser alten Sanskritschriften seien alle anderen religiösen Schriften dieser Welt zusammengenommen kaum mehr als ein kläglisches Rinnsal. (Vgl. Friedjof Capra: Das Tao der Physik, Wien 1991)

[152] Vgl. Anthony Giddens: Die Konstitution der Gesellschaft, Frankfurt/M., 1992, Kapitel 6.

[153] Der wohl berühmteste **Spukfall** Westdeutschland ereignete sich 1967 in einer Rosenheimer Anwaltskanzlei. Allein durch die Anwesenheit einer gewissen Auszubildenden

ereigneten sich die spektakulärsten Poltergeistphänomene. Die Freiburger Parapsychologen konnten aus diesem Fall zahlreiche Erkenntnisse über die Funktionsweise des Spuks gewinnen. Freilich wurde die Fokusperson im Nachhinein des Betruges überführt. Mit Stricken soll sie Objekte ›tanzen‹ lassen haben. Daraufhin wurden die Parapsychologen im ganzen Land verlacht und als bemitleidenswerte Irrgänger hingestellt. Das sich aber im Vorfeld tatsächlich Dinge ereignet hatten, die weder der Phantasie noch der physischen Kraft der Fokusperson zuzutrauen gewesen wären, spielte dabei keine Rolle. Der Fall war erledigt. Die gigantischen Panzerschränke, die verschoben worden waren, die Glühbirnen, die platzten wenn die Betreffende den Flur entlang ging, waren plötzlich gegenstandslos. Dass den Abläufen jedoch eine sich auch anderswo zu beobachtende Struktur innewohnte, wird nachfolgend noch gezeigt werden.

[154] Vgl. Lehmann, S. 447f.

[155] Vgl. ebenda, S. 448-452

[156] Vgl. Lucadou, S. 12; Aubeck, S. 52

[157] Auch **Adorno** subsumierte beide Richtungen.

[158] Zum Thema ›Verfachgebieterei‹ in den Gesellschaftswissenschaften: Peter Berger, Thomas Luckmann: Die gesellschaftliche Konstruktion der Wirklichkeit, Frankfurt/M. 1987, S. 1-17

[159] Vgl. Aubeck, S. 99

[160] In der vielerorts erzählte Geschichte von der ›**Geisterkirche**‹ befindet sich gewöhnlich eine streng religiöse ältere Frau bei der Mitternachtsmette zu falscher Zeit am falschen Ort. Die Messe wird von einem Priester gehalten, den sie noch nie gesehen hat. Auch alle anderen Personen im Gestühl sind ihr unbekannt. Ein dunkler Verdacht kommt auf und wird zur Gewissheit, als sie neben sich ihre alte Nachbarin erblickt, die vor Jahren gestorben war. Diese rät der erschrockenen Frau auf der Stelle zu verschwinden, aber ihren Umhang hier zu lassen. Gesagt getan. Am nächsten Morgen fand man den Umhang vor der Kirchentür. Die wütenden Toten hatten ihn in tausend Stücke gerissenen. Entstammt die Geschichte der Phantasterei einer senilen alten Frau? Spiegelt die Sage einen Aspekt zur Disziplinierung des Kirchenvolks? Wir wissen es nicht. Man sagt, in jeder Sage stecke ein Körnchen Wahrheit.

[161] Vgl. A.T., Mose 18,9-14/ N.T., Markus 1,23-28, 32-34

[162] Vgl. Berger u. Luckmann, S. 104f.

[163] Vgl. Emile Durkheim: Le Suicide, Frankfurt/ M, (1889) 1993, S. 162-185; Max Weber: Die protestantische Ethik und der Geist des Kapitalismus, Vollständige Ausgabe. (Hg. und eingeleitet von D. Kaesler), München 2006 (1897)

[164] Vgl. Lucadou, S. 134

[165] Vgl. Lehmann, S. 254

[166] Vgl. Theodor W. Adorno, in: Moralia, S. 321-325, zitiert bei Aubeck, S. 200

[167] Vgl. Horst Stenger: Der Okkulte Alltag – Beschreibungen und wissenssoziologische Deutungen des ›New Age‹, in: Zeitschrift für Soziologie 18 (1989), S. 119-135

[168] Vgl. Marsden, S. 8

[169] Vgl. Lucadou, S. 10

[170] Vgl. Huesmann und Schriever, S. 24ff.

[171] Vgl. Lucadou, S. 60

[172] Vgl. Choa Kok Sui: Energetischer Selbstschutz – Psychische Immunstärke gegen bewusste und unbewusste Übergriffe, München 2001, S. 17ff.

[173] Vgl. Rudi Berner: Auf ein Wort – Eine Reise zum Gipfel der Philosophie, in: www.zurwahrheit.de

[174] Dieter Beck: Krankheit als Selbstheilung – Wie körperliche Krankheiten ein Versuch zu seelischer Heilung sein können. Frankfurt/M. 1981

[175] Vgl. Lucadou, S. 42

[176] Vgl. ebenda, S. 68

[177] Vgl. ebenda, S. 39f., 116

[178] Vgl. Aubeck, S. 149

[179] Der **Spielfilm** ›Carry-Tochter des Satans‹ nach Stephen King schildert diese Problematik sehr eindrucksvoll, bis hin zu der extremen emotionsgeladenen Gefühlswelt der Fokusperson.

[180] Vgl. Eisel, Nr. 554

[181] Vgl. Lucadou, S. 46

[182] Vgl. ebenda, S. 49f.

[183] Vgl. ebenda, S. 50ff.

[184] Vgl. Lehmann, S. 89-96

[185] Vgl. John Brooks: Die Geister Großbritanniens – Führer zu 1.000 Spukorten, Freiburg i.Br. 1995

[186] Vgl. Landesspezifische Unterschiede im ICD-Glossar, welches Symptome für körperliche und seelische Leiden klassifiziert. Pohlen betitelt den Index als ›Normalitätsdiktatur‹ und fordert ein ›Recht auf Macken‹. (Manfred Pohlen: Knebel für die Triebe, in: Der Spiegel 37 (09.09.2002), S. 156f.)

[187] Vgl. Aubeck, S. 146

[188] Vgl. Berger u. Luckmann, S. 101-106

[189] Vgl. Lucadou, S. 74f.

[190] Vgl. Lehmann, S. 537-540

[191] Annekatrin Puhle: Zwerge – Begegnungen und Erlebnisse mit dem kleinen Volk, Grafing 2010, S. 369; Vgl. auch Jaffé, Aniela: Geistererscheinungen und Vorzeichen, Zürich 1958

[192] Ernstzunehmende **Untersuchungen** billigen der Seele ein Gewicht zu. Die Differenz des Körpergewichtes von Menschen vor und nach ihrem Tod beträgt einige Gramm. Der archaische Glaube an die Kraft des Blutes, der nicht zuletzt im Nationalsozialismus eine Renaissance erfuhr, dürfte nicht zuletzt aus dem langsamen Sterben Verblutender geschlussfolgert worden sein, wo mit dem Blut auch der Verlust der Lebenskraft beobachtet wurde. In vielen Volkssagen entweicht die Seele in Gestalt eines Mäusleins aus dem Mund eines Schlafenden und verursacht bei bestimmten Zielpersonen Marter- bzw. Alpträume. Wird die Position des seelenlosen Schläfers dagegen verrückt, findet das zurückkehrende Mäuslein den Eingang in den Körper nicht mehr und der Betreffende bleibt tot.

[193] Vgl. Inge Resch-Rauter: Auf den Spuren der Druiden – Landschaft und Steine, Festtagsbräuche und Märchen als Zeugen einer großen europäischen Vergangenheit Wien, 2006

[194] Vgl. Nachwort von Ebbe Schön, in Puhle, S. 406

[195] Vgl. Anthony Giddens: Die Klassenstruktur fortgeschrittener Gesellschaften, Frankfurt/ M. 1984, S. 116-136, 143-157; Vgl. Derselbe: Die Konstitution der Gesellschaft, Frankfurt/ M. 1984, S. 342-366

[196] Nachwort von Ebbe Schön, in Puhle, S. 406

[197] Zitiert bei Scheppach, S. 97

[198] Lucadou, S. 40

Satz - Gestaltung - Bild-
nachweis: Der Verfasser

# Die Reihe Plothener Hefte zur Thüringer Regionalgeschichte

**Band 1: Sagenhafte Wanderungen im Land der Tausend Teiche** um Plothen, Dreba, Knau, bis nach Crispendorf und Linda – 88 S. Broschürt

**Band 2: Die Kirche zu Weira** – Kirchgemeinde und Baugeschichte. Festschrift zur Wiedereinweihung der Marienkirche – 64 S. Broschürt

**Band 3: Gespenster im alten Gera** – Soziologische Untersuchungen zum Geisterphänomen – 112 S. Paperback

**Band 4: Sagenorte und Sagengestalten in der Volksüberlieferung des Orlagaues** unter besonderer Berücksichtigung magischer Pflanzen, gespenstischer Tiere und keltischer Flurnamen – 80 S. Broschürt

**Band 5: Die Herrschaft der Universität Jena über die Stadt Apolda** im 18. Jahrhundert – Ein Rationalistischer Herrschaftsstil? – 72 S. Broschürt

**Band 6: Die Jenaer Umgebung als Erinnerungslandschaft** – Ästhetisierung und Rezeptionswandel – 104 S. Paperback, ISBN 978-3-743-17616-4

**Band 7: Das Kriegsende 1945 in Thüringen in Augenzeugenberichten** – 152 S. Paperback, ISBN 978-3-744-89717-4

**Band 8: Geschichte und Geschichten aus dem Orlagau** – Eine alte Kulturlandschaft stellt sich vor – 96 S. Broschürt

**Band 9: Eine kleine Geschichte der Landwirtschaft** in Ostthüringen unter besonderer Berücksichtigung des Saale-Orla-Kreises – 128 S. Broschürt

**Band 10: Der Dreißigjährige Krieg in Thüringen [1618-1648]** – Östlicher Teil: Reuß, Schwarzburg, Orlagau, Holz- und Osterland, 396 S. Paperback, ISBN 978-3-74129-289-7

**Band 11: Eine kleine Geschichte der Jagd und des Waldes** im Saale-Orla-Kreis – 80 S. Broschürt

**Band 12: Kamen die Reußen von der Unstrut?** – Das Kloster Homburg bei Bad Langensalza und seine Gründer – 96 S. Paperback, ISBN 978-3-74317-635-5

**Band 13: Fackeln des Krieges** – Nordischer Krieg [1700-1721], Siebenjähriger Krieg [1756-1763] und Napoleonische Kriege [1806-1815] an Saale, Orla und Wisenta, 232 S. Pp

**Band 14: Geheimnisse der Vorzeit im Orlagau** – Von den Jägern und Sammlern der Urzeit bis zu den Kelten – 116 S. Broschürt

**Band 15: Waldlandvölker** – Germanen und Sorben im Saale-Orla-Raum – Vom Leben im Ersten Jahrtausend nach Christi – 2 Teilbände: 60/68 S. Broschürt

**Band 16: Die Geschichte der Arbeiterbewegung** im Fürstentum Reuß älterer Linie – Ziviler Ungehorsam im 19. Jahrhundert – 80 S. Paperback, ISBN 978-3-74317-627-0

**Band 17: Wie dunkel war das Mittelalter?** – Der Saale-Orla-Raum vom Mittelalter bis zur Frühneuzeit [899-1567] – 116 S. Broschürt

**Band 18: Zwischen Heil und Verdammnis** – Christianisierung und Reformierung im Saale-Orla-Raum [950-1590] – Eine etwas andere Kirchengeschichte, 104 S. Broschürt

**Band 19: Abschied von der alten Saale** – Beiträge zur Wirtschafts-, Sozial- und Alltagsgeschichte von Oberland und Orlasenke, Band 1, 344 S. Paperback [Sammelband der Folgen 11, 22, 23, 24, 25], ISBN 978-3-744-81273-3

**Band 20: Krobitz im Wandel der Zeiten** – Festschrift zum 400-jährigen Jubiläum der Wiederaufrichtung der St. Annenkapelle – 88 S. Paperback

**Band 21: Geschichte des Saale-Orla-Raumes: Orlasenke und Oberland** – Eine LandesChronika von den Besiedlungsanfängen bis zum Jahr 1599 – 420 S. Paperback [Sammelband der Folgen 14, 15, 17, 18], ISBN 978-3-743-15120-8

**Band 22: Alte Bergwerke und Goldseifen im Saale-Orla-Raum** – Wissenswertes über eine vergessene Bergbauregion ans Licht gebracht – 64 S. Broschürt

**Band 23: Mühlen, Hammerwerke, Schmelzhütten** an Saale und Orla – Zur regionalen Industriegeschichte in ›Händischer Zeit‹ – 64 S. Broschürt

**Band 24: Alte Handelsstraßen und Floßverkehr im Saale-Orla-Raum** – 60 S. Br.

**Band 25: Die Stadt und ihre Nachbarschaft** – Urbane Strukturen im Neustädter Kreis und im Reußischen Oberland während der Frühneuzeit – 80 S.

**Band 26: Von alten Bräuchen und Festtagen im Saale-Orla-Kreis** – 88 S.

**Band 27: Rittergüter im Saale-, Orla- und Wisenta-Raum** – Entstehung, Machtentfaltung, Untergang – 200 S. Paperback

**Band 28: Sagen und Altertümer in Neustadt/Orla und Umgebung** – 116 S. Pp.

**Band 29: Sagen und Altertümer um Ziegenrück** – 52 S. Broschürt

**Band 30: Sagenhafte Wanderungen im Saale-Orla-Raum,** Band 1: Obere Orlasenke mit Neustadt an der Orla, Triptis, Auma und ihrer jeweiligen Umgebung, 436 S. Paperback [Sammelband der Folgen 1 (teils), 4, 28, 42], ISBN 978-3-746-03016-6

**Band 31: Weyrische Chronik,** Band 1: Das Dorf Weira und seine nähere Umgebung in Geschichte und Gegenwart – 288 S. Paperback

**Band 32: Weyrische Chronik,** Band 2: Beiträge zur Wirtschafts-, Schul- und Kirchengeschichte sowie zur Ortsflur und zur Infrastruktur von Weira – mit dem Weiraer Haus- und Familienbuch – 264 S. Paperback

**Band 33: Harry Blöthner:** Meine Lebenswege [1924-1948] – 72 S. Paperback

**Band 34: Sagenhafte Wanderungen** in der Aga-Hochebene und im südlichen Lößhügelland von Steinbrücken nach Pölzig – 60 S. Broschürt

**Band 35: Sagenhafte Wanderungen** von Langenberg durch das Brahmetal nach Bethenhausen – 68 S. Broschürt

**Band 36: Sagenhafte Wanderungen** um Bad Köstritz, Crossen u. Umgeb. – 68 S. Br.

**Band 37: Sagenhafte Wanderungen** im Bundsandsteingebiet westlich der Weißen Elster durch den Saarbach-, Erlbach-, Weißiger Grund – 88 S. Broschürt

**Band 38: Sagenhafte Wanderungen** in Ronneburg und Umgebung sowie durch das Gessental nach Pforten – 80. S. Broschürt

**Band 39: Sagenhafte Wanderungen** im Geraer Becken, Erster Teil: Das Gebiet westlich der Weißen Elster mit dem Stadtwald – 68 S. Broschürt [Zusammen mit Band 40 auch als Paperback 100 S.]

**Band 40: Sagenhafte Wanderungen** im Geraer Becken, Zweiter Teil: Das Gebiet östlich der Weißen Elster mit dem alten Gera – 96 S. Broschürt

**Band 41: Sagenhafte Wanderungen** in Weida und Umgebung – 96 S. Paperback

**Band 42: Sagenhafte Wanderungen** in Triptis, Auma und Umgebung – 80. S. Paperback

**Band 43: Eine sagenhafte Wanderung** auf der Hochebene nördlich von Oettersdorf – 72 S. Paperback

**Band 44: Sagen und Altertümer aus Schleiz und Umgebung** – 100 S. Paperb.

**Band 45: Sagenhafte Wanderungen in Tanna und Umgebung** – 68 S. Brosch.

**Band 46: Sagenhafte Wanderungen** um Gefell, Hirschberg und Blankenberg – 68 S. Paperback

**Band 47: Sagenhafte Wanderungen** in der Gemeinde Remptendorf und auf den Saale- und Sormitzhöhen – 68 S. Broschürt

**Band 48: Sagen und alte Geschichten** aus Saalburg-Ebersdorf und Umgebung – 80 S. Broschürt

**Band 49: Sagenhafte Wanderungen** durch die Saale-Rennsteig-Region: Blankenstein und Umgebung – 48 S. Broschürt

**Band 50: Sagen und Altertümer aus Bad Lobenstein** und Umgebung sowie aus der Erinnerungslandschaft um ›Saalpolynesien‹ – 60. S. Broschürt

**Band 51: Sagenhafte Wanderungen im Raum Wurzbach,** im Sormitztal und im [Thüringischen] Frankenwald – 56 S. Broschürt

**Band 52: Sagenhafte Wanderungen** in Ranis und Umgebung, Teilband 1: Stadt und Burg Ranis mit den Zechsteinriffen um Brandenstein – 84 S. Broschürt

**Band 53: Sagenhafte Wanderungen** in Ranis und Umgebung, Teilband 2: Die Dörfer zwischen Ranis und der Oberen Saale – 84 S. Broschürt

**Band 54: Sagenhafte Wanderungen** um Krölpa und in den Wäldern der Heide – 64 S. Broschürt

**Band 55: Sagen und Altertümer aus Pößneck und Umgebung** – 88 S. Broschürt

**Band 56: Sagenhafte Wanderungen** in der Verwaltungsgemeinschaft Oppurg; Teil 1: Von Oppurg über die Heidewälder nach Langenorla und Kleindembach – 80 S. Br.

**Band 57: Sagenhafte Wanderungen** in der Verwaltungsgemeinschaft Oppurg; Teil 2: Von Wernburg über die Bahrener Höhe nach dem Weiraer Wald – 88 S. Broschürt

**Band 58: Sagen und Altertümer** von den Zechsteinriffen der Orlasenke – 88 S. Broschürt

**Band 59: Sagenhafte Wanderungen** zwischen Saale und Ilm östlich von Leutenberg – 68 S. Broschürt

**Band 60: Sagenhafte Wanderungen** um Schloss Burgk und seine Umgebung – 56 S. Broschürt

**Band 61: Thüringer Fürsten und ihre Residenzen im 18. Jahrhundert**: Coburg, Ebersdorf, Eisenberg, Gera, Gotha, Greiz, Köstritz, Lobenstein, Neustadt/ Orla, Rudolstadt, Saalfeld, Schleiz, Weida, Weimar, Zeitz u.a. – 200 S. Paperback, ISBN 978-3-74317-622-5

**Band 62: Harry Blöthners Weiraer Familienbuch** – Familien in Weira [1850-1950], 132 S. Paperback

**Band 63: Sozialistische Landwirtschaft und LPGisierung** im Saale-Orla-Raum [1945-1990], 144 S. Paperback

**Band 64: Ende oder Neubeginn?** – Landwirtschaftliche und Ländliche Entwicklung im Saale-Orla-Kreis zur Zeit des Konsumismus (1990-2015), 64 S. Paperback

**Band 65: Wetterextreme im Reußischen Oberland** – Ein Beitrag zur Klimageschichte des Oberlandes und Ostthüringens, 172 S. Paperback

**Band 66: Der Rote Berg und seine Geheimnisse** – Zur Geschichte des berühmten ›Hausberges‹ von Saalfeld aus Bergbau- und Kulturgeschichtlicher Perspektive, 176 S. Pp.

**Band 67: An der Hohen Warte** – Eine sagenhafte Wanderung von Saalthal über Bucha, Hohenwarte und Goßwitz nach Könitz, 172 S. Paperback

**Band 68: Sagen und Altertümer** aus Kaulsdorf, Obernitz, Köditz und Umgebung – Unterwegs an der westlichen Zechsteinstirn des Roten Berges, 188 S. Paperback

**Band 69: Sagen und Altertümer** aus dem Raum Kamsdorf und Unterwellenborn – Entdeckungen im Weiragrund zwischen Heide und Rotem Berg, 224 S. Paperback

**Band 70: Die Dörfer der Saalfelder und Uhlstädter Heide** – Sagenhafte Wanderungen von der Mittleren Saale nach den Tälern und Höhen des Waldgebirges, 248 S. Pp.

**Band 71: ›...und erblickte von diesem Berge aus an die zehn Herren Länder‹** – Zur administrativen Entwicklung im Gebiet des heutigen Saale-Orla-Kreises von den Kleinstaaten bis zu den Thüringer Gebietsreformen der Gegenwart, 156 S. Paperback

**Band 72: ›Saalfeld er erst erbauen tut...‹** – Von der Provincia Salaveld bis zum Landkreis Saalfeld-Rudolstadt [899-2019]. Administrative und Kirchliche Entwicklung im Saalfelder Raum, 136 S. Paperback

❖❖❖❖❖❖❖❖❖❖❖❖❖❖❖❖❖❖❖❖❖❖❖❖❖❖❖❖❖❖❖❖❖❖❖❖❖❖❖❖❖❖❖❖

*Alexander Blöthner:*

## Sagenhafte Wanderungen im Saale-Orla-Raum [5 Bände]

Schlösser – Burgen – Rittergüter
Kirchen – Mühlen – Hammerwerke
Hochöfen – Brauchtum – keltische
Flurnamen – Höhlen – Archäolo-
gische Fundstätten – Kultplätze

**Band 1**: Ziegenrück, Land der
Tausend Teiche, Neustadt/ Orla
und Umgebung
**Band 2**: Obere Orlasenke und
Oberland [Triptis, Schleiz, Tanna,
Gefell, Hirschberg]
**Band 3**: Obere Saale und
Frankenwald [Bad Lobenstein,
Leutenberg, Saalburg
**Band 4**: Untere Orlasenke um
Pößneck, Ranis und Oppurg
**Band 5**: Rechtssaalischer Teil des
Kreises Saalfeld-Rudolstadt mit
Kaulsdorf, Kamsdorf, Saalfeld-Ost,
Könitz, Unterwellenborn und den
Dörfern des Waldgebirges Heide

Die Region zählt zu den landschaftlich schönsten und historisch bedeutsam-
sten in Thüringen mit Erinnerungslandschaften, die sich durch Vielfalt und
Verschiedenartigkeit auszeichnen. Den Mittelpunkt bildet die klimatisch be-
günstigte Orlasenke mit ihren eindrucksvollen Zechsteinriffen. Im Norden von
einer bis zu 400 m N.N. hohen bewaldeten Bundsandsteinplatte, der ›Heide‹,
umrissen, schließt sich im Süden der Senke das Felsschluchttal der ›Oberen
Saale‹ mit einer bis zu den Frankenwaldkämmen sich erstreckenden Hochebene
an, die bis 700 m N.N. ansteigt. Im Osten dagegen findet sich mit dem ›Land
der Tausend Teiche‹ eine Wasser- und Sumpflandschaft nach märkischem Bild.
246 Heidnische Kult- bzw. Kultverdachtsplätze, 5 ehemalige Klöster, 29 frühere
Wallfahrtsorte, 283 verschwundene bzw. erhaltene Kirchen und Kapellen, 87
historische Steinmale, 102 alte Wallanlagen, zahlreiche vorzeitliche Gräber und
Siedlungen nebst 25 Höhlen und ca. 250 Bergwerke werden in diesem Werk
zu neuem Leben erweckt. 227 wüste Dörfer, 181 vormalige Herrensitze, 60
Vorwerke und Freigüter sowie 223 Mühlen, darunter zahlreiche Hammerwerke,
kommen zurück in unsere Erinnerung. Über 600 Sagen und alte Geschichten
aus 13 Städten und 283 Dörfern werden dabei erwähnt.

Band 1: *308 S. [ISBN 978-3-744-85164-0]*; Band 2: *436 S. [ISBN 978-3-744-85217-3]*
Band 3: *320 S. [ISBN 978-3-738-65827-9]*; Band 4: *648 S. [ISBN 978-3-739-22749-8]*
Band 5: *548 S. [ISBN 978-3-75577-108-1]*
❖❖❖❖❖❖❖❖❖❖❖❖❖❖❖❖❖❖❖❖❖❖❖❖❖❖❖❖❖❖❖❖❖❖❖❖❖❖❖❖❖❖❖❖

❖❖❖❖❖❖❖❖❖❖❖❖❖❖❖❖❖❖❖❖❖❖❖❖❖❖❖❖❖❖❖❖❖❖❖❖❖❖❖❖❖❖❖❖

Alexander Blöthner:

## Mythen und Legenden aus dem Geraer Raum

Sagen und Geschichten
Rittergüter und Kirchen
Prähistorische Flurnamen
Fundstätten und Kultplätze

*Zweite überarbeitete und erweitere Auflage*

*ISBN 978-3-732-23148-5*

*400 S. Paperback*

Aus landschaftsmythologischer Perspektive wird hier das Mittlere Elstertal rund um Gera dargestellt. Etwa 130 Orte und Vororte werden beschrieben. 73 heidnische Kultverdachtsplätze, 10 ehemalige Wallfahrtsorte, 31 verschwundene und 74 erhaltene Kirchen und Kapellen, 45 alte Wallanlagen, viele vorzeitliche Gräber und Siedlungen erwachen zu neuem Leben. 40 wüste Dörfer, 86 vormalige Rittergüter und mehr als 25 Vorwerke und Freigüter kommen zurück in unsere Erinnerung. Die Erinnerungslandschaft erstreckt sich dabei über die Ortsfluren von Bad KÖSTRITZ, Baldenhain, Beerwalde, Bethenhausen, Bieblach, Brahmenau, Collis, Cretzschwitz, Crimla, Cronschwitz, Cuba, Culm, Debschwitz, Deschwitz, Dorna, Drosen, Dürrenebersdorf, Ernsee, Frankenthal, Geißen, Alt-GERA, *Gessen*, Gleina, Gorlitzsch, Grobsdorf, Groitzschen, Großaga, Großenstein, Großfalka, Großsaara, Großstechau, Grüna, Hain, Harpersdorf, Hartmannsdorf, Hermsdorf, Hirschfeld, Kaimberg, Kaltenborn, Kauern, Kleinaga, Kleinfalka, Kleinsaara, Köckritz, Köfeln, Korbußen, Kraftsdorf, Laasen, LANGENBERG, Langengrobsdorf, Lengefeld, Lessen, Leumnitz, Lichtenberg, Liebschwitz, Löbichau, Lusan, Meilitz, Mennsdorf, Milbitz, Mildenfurt, Mückern, Mühlsdorf, Naulitz, Nauendorf, Negis, Niebra, Niederndorf, Nöbdenitz, Oberröppisch, Osterstein, Otticha, Paitzdorf, Pforten, Pohlitz, Pölzig, Pöppeln, Poris, Pörsdorf, Posterstein, Raitzhain, Reichardtsdorf, Reichenbach, Reichstädt, Sirbis, Roben, RONNEBURG, Röpsen, Roschütz, Rubitz, Rüdersdorf, Rusitz, Schafpreskeln, Scheubengrobsdorf, *Schmirchau*, Schwaara, Seligenstädt, Söllmnitz, Steinbrücken, Stublach, Stübnitz, Tannefeld, Taubenpreskeln, Thieschitz, Thränitz, Tinz, Töppeln, Trebnitz, Untermhaus, Unterröppisch, Veitsberg, WEIDA, Waaswitz, Weißig, Wernsdorf, Windischenbernsdorf, Wolfsgefärth, Wünschendorf, Zeulsdorf, Zoitzmühle, Zossen, Zschippach, Zschippern, Zwötzen u.a.

❖❖❖❖❖❖❖❖❖❖❖❖❖❖❖❖❖❖❖❖❖❖❖❖❖❖❖❖❖❖❖❖❖❖❖❖❖❖❖❖❖❖❖❖

✧✧✧✧✧✧✧✧✧✧✧✧✧✧✧✧✧✧✧✧✧✧✧✧✧✧✧✧✧✧✧✧✧✧✧✧✧✧✧✧✧✧✧✧✧

*Alexander Blöthner:*

## Magische Orte
## in Leipzig und Umgebung 1

Sagen und Mythen, Legenden und
Altertümer, Vorzeitliche Flurnamen,
und Fundstätten, Heidnische
Kult- und Kultverdachtsplätze

### Band 1:
### Das Stadtgebiet von Leipzig
### mit den alten und neuen Vororten

*ISBN 978-3-741-29290-3*
*276 S. Paperback, 52 Bilder*

✧✧✧✧✧✧✧✧✧✧✧✧✧✧✧✧✧✧✧✧✧✧✧✧✧✧✧✧✧✧✧✧✧✧✧✧✧✧✧✧✧✧✧✧✧

*Alexander Blöthner:*

## Magische Orte
## in Leipzig und Umgebung 2

Sagen und Mythen, Legenden und
Altertümer, Vorzeitliche Flurnamen,
und Fundstätten, Heidnische
Kult- und Kultverdachtsplätze

### Band 2:
### Die Umgebung von Leipzig mitsamt
### der Tieflandsbucht zwischen
### Weißer Elster und Zwickauer
### Mulde von der Dübener Heide
### bis zum Zeitz-Altenburger Land

*ISBN 978-3-741-29291-0*
*352 S. Paperback, 15 Bilder*

✧✧✧✧✧✧✧✧✧✧✧✧✧✧✧✧✧✧✧✧✧✧✧✧✧✧✧✧✧✧✧✧✧✧✧✧✧✧✧✧✧✧✧✧✧

Alexander Blöthner

# Magische Augenblicke

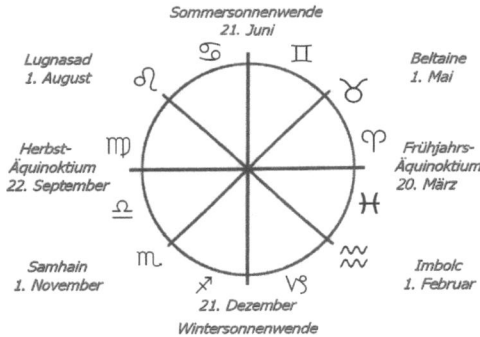

Sommersonnenwende
21. Juni

Lugnasad
1. August

Beltaine
1. Mai

Herbst-
Äquinoktium
22. September

Frühjahrs-
Äquinoktium
20. März

Samhain
1. November

Imbolc
1. Februar

21. Dezember
Wintersonnenwende

## Jahreskalender
mit allen wichtigen
Monats-, Tages- und
Stundenqualitäten unter
dem Einfluss der Gestirne

Mit den Glücks-, Los- und Schwendtagen,
bedeutenden Tagesheiligen, westlichem
Mondkalender, Festen und Brauchtum im
Jahreslauf, 220 S. Wochenübersicht (vertikal)
*Vertrieb über den Buchhandel*

Mira Sommer